Daglig gjennombrudd

Daglig gjennombrudd

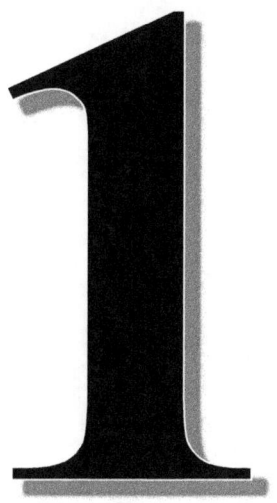

Daglig gjennombrudd

Aktiv søkende mot åndelig vekst og full kraft i åndens verden

Tom Arild Fjeld

Daglig gjennombrudd

ISBN 978-82-93410-47-8

Daglig gjennombrudd

Daglig gjennombrudd

Forfatter: Tom Arild Fjeld
© Tom Arild Fjeld
Utgave: 1- utgave januar 2017
ISBN 978-82-93410-47-8
Tro og visjon forlag
Layout: Frank Håvik
Tekst: Times New Roman 14
Kapittel: Times New Roman 48
Enhver hel eller delvis kopiering på trykk, elektronisk eller på andre måter må kun skje etter avtale med forfatteren.
Hos Tom Arild Fjeld,
mail: tomarildfjeld@gmail.com

Forside tekst av Dr. Morris Cerullo:

"DAILY DEVOTIONAL"
Aimed at SPIRITUAL GROWTH AND TO KEEP FIT IN THE REALM OF THE SPIRIT.
Oversatt til norsk, ved bruk av Strongs concordance of the Bible, fra hebraisk og gresk.

Daglig gjennombrudd

Daglig gjennombrudd

Forord

Dr. Morris Cerullo
Gud sa klart til meg mens jeg ba for deg broder Tom, at du skulle skrive en daglig hengivende, oppbyggende bok. Fordi Han har lagt på innersiden av deg det levende Ordet på en slik måte, at når det blir tatt imot eller lest, vil produsere levende bevis individuelt i livene til dem som tar det imot i en god tro.

Små stykker og bønner
Kjære brødre og søstre, Herren ba meg si til broder Tom, at han skulle skrive denne boken. Han skulle skrive små stykker og små bønner, slik at hans barn kunne bruke boken som en veileder dag og natt. Dette for å holde dem sterke i troen og i livets kamper.

Dette var en sterk instruksjon fra Herren Gud igjennom meg til broder Tom.
Gud har lagt så mye ned i den mannen. Jeg vet han ikke vil feile.
Jeg ber alltid for ham.

Dr. Morris Cerullo

Daglig gjennombrudd

Daglig gjennombrudd

Forord

Tom Arild Fjeld
Herren har bedt min kjære broder Dr. Morris Cerullo, å si til meg at jeg skulle skrive denne boken. Gud Fader hadde før broder Cerullo sa det til meg, bedt meg om å gjøre dette. Da broder Cerullo sa jeg skulle skrive den i små stykker, ble det en stadfestelse for meg om å skrive denne boken. Så her kommer den.
Dette vil være en bok som daglig vil være en" bønneassistent og justerings manual", den kan brukes dag og natt. Boken er skrevet under bønn og konsentrasjon om de himmelske ting.

Denne boken vil gjøre deg sterk i troen og i livets kamper. Og den vil hjelpe deg til å leve i sunnhet til ånd, sjel og legeme i arbeidet for Herren og i det daglige liv.
Dette er en instruksjon fra Gud
De små bønnene du finner på hver side, be dem konsentrert i tro og ro, mange ganger om dagen. Gud vil gjøre under i ditt liv, hver dag.

Tom Arild Fjeld
Forfatter

Daglig gjennombrudd

Daglig gjennombrudd

Bønn for leserne
Kjære Fader Gud, jeg kommer fram for deg med alle leserne av den boken, som jeg ønsker skal være en" åndelig veileder" for alle mine venner. Jeg ønsker at de alle skal få oppleve å komme nær til ditt hjerte, i den Hellige Ånds verden i ånden. Jeg ønsker de skal få kjenne din kjærlighet på en slik måte, at alle de åndelige dørene går opp for dem i åpenbaringens forståelse.

Be den lille bønnen hver dag
Be den lille bønnen for hver dag, etter du har studert «gjennombrudds-stykket» for dagen. Be den av hjertets ønske og hengivelse. Be den rolig til du kjenner den Hellige Ånd griper deg.

Den Hellige Ånd vil lede deg lenger og lenger inn i den åndelige verden. Han vil la deg få opplevelser, som vil gi deg all den styrken du trenger, for å leve et seirende liv i den fysisk og i den åndelige verden. Ditt liv vil bli helt nytt. Det vil være en drøm som åpenbares, noe du ikke trodde eksisterte eller trodde var mulig kommer din vei. Alt er mulig med den levende Gud Jehova som vi tilber.

Gud velsigne dere i bruken av denne boken, som er fra mitt hjerte til ditt hjerte.

Tom Arild Fjeld, forfatter

Daglig gjennombrudd

Daglig gjennombrudd

Januar

Innhold
1 Livets mysterium — 15
2 Et budskap etter Guds standard — 19
3 Se derfor til at lyset i deg ikke er mørke — 23
4 Et forberedt liv — 25
5 Nå forstår du — 29
6 Du er bestemt for et liv i den fjerde dimensjonen — 31
7 Et liv i kjærlighetsdimensjonen – den fjerde dimensjon — 33
8 Åpenbaring fra gresk — 35
9 Er det 2 parallelle skapelser eller hva? I — 37
10 Er det 2 parallelle skapelser eller hva? II — 39
11 Tyven, din beseirede fiende — 43
12 Vi er Hans (Jesu) verk, skapt i Kristus Jesus — 47
13 Når du vet du er - hva Kristus sier du er — 49
14 Skamløs bønn — 51
15 Rettferdighetens soldater — 55
16 Gå ut i all verden, Kosmos, med evangeliet — 57
17 Forstår ikke, vil ikke, kan ikke — 61

Daglig gjennombrudd

18 En åndelig prioritet i våre liv 63
19 Revolusjon 65
20 Den nye fødsels mirakel 67
21 Verdig er du 69
22 Jesus oppslukte døden for evig 73
23 Såkornets kraft 77
24 Marsjordren 81
25 Du er skapt til å vinne 85
26 Vitne med mot 89
27 Gud ønsker å stadfeste Sitt
 liv igjennom deg 93
28 Sannheten gir seieren 97
29 Fredens evangelium 101
30 Bare Jesus alene 105
31 Vitne i et krigersk samfunn 109

Daglig gjennombrudd

1. Januar

Livets mysterium

Les nøye det jeg skriver og grunn på det. Gud vil gjøre under i ditt liv, Han vil åpenbare Seg for deg. Han vil la deg se og oppleve den herligheten Han har planlagt for deg.

Når du ser det vil ditt hjerte bøye seg i ydmykhet innfor Gud Fader, på en måte som du aldri før har gjort.

"For jeg vil ikke, brødre, at dere skal være uvitende om denne hemmelighet, mysteriet, for at dere ikke skal tykkes dere selv kloke." (Rom 11,25)

Åpenbaringskunnskap fra Gud ut ifra det skrevne Guds Ord, Bibelen

Paulus legger vekt på viktigheten av å ha et sikkert fundament i åpenbaringskunnskapen av Guds mysterium - som vil komme til deg gjennom åpenbaringen av det skrevne Guds Ord. Det som fra tidenes morgen har vært et mysterium for mennesker, vil Gud gjøre levende for deg.

Daglig gjennombrudd

Det er ditt privilegium som et gjenfødt menneske med Jesus Kristus som Herre. Hør videre hva Paulus sier:

"At Han ved åpenbaringen har kunngjort meg hemmeligheter, mysterier, slik som jeg ovenfor har skrevet med få ord." (Ef 3, 3)

"Og be også for oss at Gud må åpne en dør for Ordet, så vi kan forkynne Kristi hemmeligheter, mysterier, for hvis skyld jeg også er i lenker." (Kol 4,3)

"Og som enhver må bekjenne, stor er den gudsfryktens hemmelighet, mysteriet: Han som ble åpenbart i kjøtt, rettferdiggjort i ånd, sett av engler, forkynt blant folkeslag, trodd i verden, opptatt i herlighet."
(1Tim 3,16)

Du ser de fantastiske Guds hemmeligheter, de vidunderlige mysterier. Gud ønsker disse mysterier åpenbart for oss som enkeltindivider. Det er Guds fullkomne vilje, at du skal tro Hans virkeligheter. Når **du tror** Hans virkeligheter, vil de være **aktive i ditt liv.**

Daglig gjennombrudd

Far i himmelen
Jeg ber for alle mine trossøsken, hvisk i deres ører ledelse for deres liv. La de ikke gi seg før de hører fra Deg. Gjør dem villige til å være lydhøre for Deg, slik at Din plan med deres liv kan gå i oppfyllelse. Jeg takker Deg for at Du har hørt meg, i Jesu navn. Amen.

Daglig gjennombrudd

Daglig gjennombrudd

2. Januar

Et budskap etter Guds standard

Hva du ser (et åpenbart mysterium)
- det har du Hva du har - er ditt
Det som er ditt - kan du gi
Det som du kan gi - kan tas imot av alle som vil ha det

Er ikke det fantastisk. Du kan komme inn i posisjonen hvor du kan proklamere det åpenbarte Guds mysterium til deg - med autoritet og kraft. Det er når du har kommet til dette punkt, du vil være i stand til å være en budbringer etter Guds standard. Tenk deg det, når Ordet er levendegjort i deg, da tror du det. Autoriteten i det du tror, vil bli en naturlig del av din personlighet. Om du er på arbeid eller skole, så vil den autoriteten fra Gud, som har kommet inn i ditt liv, hvile i og over deg.

Mennesker vil fort oppdage at du ikke er som dem som ikke er gjenfødt. Dette gjelder også når du kommer sammen med troende.

Daglig gjennombrudd

Der vil du også kjenne de som er født-på-ny, og de som kun går i den kristne forsamling. Mennesker blir tvunget til å ta en stilling til den personligheten de opplever du er. Det er ikke alltid dette går smertefritt for seg. Vi lever i en åndelig verden og der er det kamp, helt til Jesus kommer igjen.

Hør på dette, som engelen sa til Jomfru Maria sier engelen til deg nå:

"Den Hellige Ånds kraft skal komme over deg, og den høyestes kraft skal overskygge deg;

For ingenting er umulig for Gud."
(Luk 1, 35 og 37)

Vi leser videre:

"Frykt ikke, bare tro." (Mark 5, 36)

"Dersom du tror, skal du se Guds herlighet." (Joh 11, 40)

Det er opp på dette troens nivå du skal leve, du som er født på ny. Dette er din standard.

Far i himmelen
Jeg takker Deg for alt Du har lagt til rette for oss som er født-på-ny, av åndelige muligheter. Takk for at Du hjelper oss alle til å tro mulighetene, slik at de kan nyttegjøre seg i oss og gjennom oss, ledet av den Hellige Ånd. I Jesu navn. Amen.

Daglig gjennombrudd

3. Januar

Se derfor til at lyset i deg ikke er mørke

"Dersom altså hele ditt legeme er lyst og ikke har noe del som er mørke, da blir det rett lyst helt igjennom, som når lyset lyser på deg med strålende skinn."
(Luk 11, 35.36)

Dette er fantastiske vers. Vi kan gå rundt og være innbilt av Satans tanker, at vi vandrer i lyset, men så vandrer vi i mørket. Satan har fått oss til å tro at vi er i lyset, men vi vandrer og er i mørket. Hvis vi ikke er på vakt i vår sjel, så går Satan inn på et hvert område han kan komme til på.

Vi kan være snille og greie, og vi vet det selv. Men bevisstheten mot vår Herre, Hans Ord og vår egen sjel, er det ikke så farlig med. Hvilket bedrag av løgn Satan har festet i vår tanke, i vår sjel. Vi må være bevisst hver eneste dag. Som vi tar vare på vårt legeme, må vi ta vare på vår sjel.

Daglig gjennombrudd

Sjelen er forbindelsen mellom kjøttet, kjøttets sanser og vår ånd. Det er av høyeste viktighet at vi tar vare på vår sjel.

"Du elskede! Jeg ønsker at du i alle deler må ha det godt og være ved god helse, likesom din sjel har det godt." (3 Joh 2)

(Jeg vil ikke ta med så mange åpenbarte sannheter hver dag, men jeg vil at det jeg tar med skal synke inn i deg, motivere deg til å leve det ut).

Kjære Fader
Takk, for at jeg får oppleve den nåde å bli tilrettevist på områder i mitt liv som trengs, slik at jeg kan bli mer og mer lik Deg. Jeg ønsker at Ditt lys skal stråle sterkt igjennom meg, alltid. Amen.

4. Januar
Et forberedt liv

"Jesus sa: Dersom dere blir i Meg, og Mine Ord blir i dere, da be om hva dere vil, og dere skal få det." (Joh 15, 7)

Dette var ord fra Jesus i Hans avskjedstale til disiplene. Han formaner dem til å bli i livssamfunnet med Ham og å være tro mot dette samfunn.

Disiplene undret seg over mye av det Jesu sa til dem, det gjaldt så absolutt denne uttalelsen også. Disiplene hadde ingen mulighet til å forstå den, da den var en dyp, åndelig uttalelse. Men de skulle forstå den siden.

Døren var åpnet
Etter Jesu forsoningsverk på Golgata, Hans tilbakevending til himmelen og disiplenes dåp i den Hellige Ånd og ild - åpnet det seg en ny og levende dør som kunne vandres inn i av disiplene.

Daglig gjennombrudd

Nøkkelen til inngang i alt åndelig, er troen
Denne døren kunne de gå inn i - hvis de trodde den var der for dem.

Døren til åpenbaringskunnskapen var åpnet
Nå kunne disiplene motta forståelse og åpenbaringskunnskap over det Jesus hadde fortalt dem. Dette skapte, litt etter litt, tyngde, trygghet og tro i deres liv av guddommelig karakter.

Du står sterkere enn de sto
I tillegg til de overnevnte nødvendigheter og nøkler, har vi som er født-på-ny i dag, **en nøkkel til** som de ikke hadde:

Det skrevne Guds Ord
Vi har det skrevne Guds Ord som en nøkkel disiplene ikke hadde. De hadde det talte Guds Ord fra Jesu Kristi egen munn.
Vi har alltid det skrevne Ordet med oss. Når vi vil kan vi gå inn i det, overgi oss helt til Gud - så Han i Kristus Jesus kan levendegjøre/åpenbare det skrevne Guds Ord for oss.
 Dette gjør oss igjen til overvinnere i Kristus i denne nåværende verden.

Daglig gjennombrudd

"Jesus sa: Dersom dere blir i Meg og Mine Ord blir i dere, da be om hva dere vil, og dere skal få det." (Joh 15, 7)

Forbered deg for et seirende liv i Kristus.

Kjære Fader
Takk for at du støtter meg når jeg vil legge alt ned for min Herre og Mester, Jesus Kristus. Takk for at jeg kan fylle meg med Ditt skrevne Guds Ord, med en full overbevisning om at du vil åpenbare det, levendegjøre det for meg etter det som er Din vilje for mitt liv.

Daglig gjennombrudd

Daglig gjennombrudd

5. Januar
Nå forstår du

*"Og Jesus svarte og sa til dem:
Ha tro til Gud!*

*Sannelig sier Jeg dere at den som sier til dette fjell: Løft deg opp og kast deg i havet! Og **ikke tviler** i sitt hjerte, men tror at det han sier skal skje, ham skal det vederfares. Derfor sier Jeg dere: Alt det dere ber om og begjærer, **tro bare at dere har fått det,** så skal det vederfares dere."* (Mark 11, 22-24)

Her er åpenbaringens hemmelighet
Dette er noen vers blant mange, som har vært vanskelige å forstå. Det alene har sin årsak i uteblivelse av åpenbaringskunnskap. Vers som jeg ofte bruker, forklarer dette med enkle ord. Jeg vil at du skal gripe det:

"Tro er full visshet om det som håpes, overbevisning om ting som ikke ses."
(Heb 11, 1)

Daglig gjennombrudd

Du tror ingenting uten guddommelig åpenbaring
Når den guddommelige åpenbaringen kommer din vei på "gudvillige områder" i ditt liv, får du full visshet der du håpet og overbevisning om ting som ikke ses.
Dette er ene og alene **tro født fram av openbaring,** levendegjort av

Gud Jehova. Ser du det?

Tvilen
Tvil er en Satans åndsmakt, båret av ord, her ordet **tvil.**

Troen
Tro er en guddommelig åndsmakt båret av den Hellige Ånds ild og kraft. De ordene er **troens fulle visshet** basert på det skrevne Guds Ord, Bibelen.
Din frie vilje velger hvem du skal ha tillit til.

Far i himmelen
Jeg overgir meg til Din vilje. Jeg velger å bruke mitt viljeliv, som jeg har fått av Deg etter Din vilje, som er Ditt Ord. Takk at det står evig fast. Jeg vil aldri betvile Din vilje, uansett hva sansene viser meg i den fysiske verden. Du har rett Gud Fader, rett for evig. Jeg takker Deg for det. Amen.

Daglig gjennombrudd

6. Januar

Du er bestemt for et liv i den fjerde dimensjon

Er det ikke vidunderlig - ved å ta imot Jesus Kristus som sin Herre (Rom 10, 8.9) blir vi født av Gud - vi blir født på nytt. Ikke i det fysiske, men i vår ånd, vårt virkelige jeg. (Joh 1,12.13 3,6)

"For alt det som er født av Gud seirer over verden, og dette er den seier som har seiret over verden, vår tro." (1 Joh 5, 4)

Er det ikke flott - du er født med potensialet som en seierherre over Satan og demonene - men du må **se** det. Det må bli **åpenbart** for deg gjennom det skrevne Guds Ord. Det står skrevet, men du vil ikke forstå det før Gud ved den Hellige Ånd åpenbarer/levendegjør det for deg. Da tror du det.

Det du forstår, tror du - selv om du ennå ikke har registrert det med dine fysiske sanser.
Bibelen sier videre:

Daglig gjennombrudd

"Men dersom Hans Ånd som oppvakte Jesus fra de døde, bor i dere - da skal Han som oppvakte Kristus fra de døde, også levendegjøre deres dødelige legemer ved Sin Ånd som bor i dere." (Rom 8, 1)

Når vi forstår sannheten i dette verset, forsøker vi ikke lenger å opparbeide tro for noe som helst. **Du bare aksepterer det som er ditt.**
Tiden er her, for at vi som "troende" (i mengdevis) skal ha dette enkle troslivet, leve det ubevisst daglig.

Takk Fader, at jeg er på vei inn i et liv i den fjerde dimensjon. Takk at Du hjelper meg å fullføre vandringen slik Du vil med mitt liv. Det er ikke noe annet jeg ønsker. Jeg elsker Deg Fader. Amen.

Daglig gjennombrudd

7. Januar
Et liv i kjærlighetsdimensjonen - den fjerde dimensjon

Den åpenbarte forståelse - din nøkkel til tro
Vi vil leve i den fjerde dimensjonen - kjærlighetsdimensjonen, Ordets dimensjon. Der hvor vi ser Jesus slik som Han virkelig er. Så la oss kle på oss Guds kongeklær. Ofte har det blitt gitt store bekjennelser på Guds Ord, som ikke har hatt noen sann mening til det menneskelige intellekt, som har bekjent det.

Den fjerde dimensjonen
er menneskets normale dimensjon, den er menneskets normale hjem. Der fellesskapet med Gud er en vanlig opplevelse. Hvor troen på en mirakelarbeidende Gud er ubevisst. Du kommer dit hvor du utøver den høyeste tro, og allikevel er du ubevisst at du har utøvet den. Du utøver den like naturlig som du skriver ut en sjekk.
Du har troen som blir som en stabilisator i hele din åndelige natur. Det er en tro som

Daglig gjennombrudd

gror ut av åpenbaringskunnskap og kjennskap til Guds levende Ord.

"Tro er full visshet om det som håpes, overbevisning om ting som ikke ses."
(Heb 11, 1)

Åpenbaringskunnskap gir tro
Det største behovet i dag er ikke mer tro - men mer **åpenbaringskunnskap** og kjennskap som vil produsere en ubevisst tro på vår store, kjærlighetsfulle Gud.
Din **åndelige sans,** tros-sansen, vil virke like **naturlig** og ubevisst som dine **fysiske sanser.**

Kjære Fader Gud
Jeg takker Deg for de mulighetene som er gitt meg. Jeg tar de imot og legger mitt liv helt i Ditt Ords hender og vil adlyde Ordet. Jeg vil at Din åpenbaringskunnskap og kjennskap skal bli en virkelighet med styrke i mitt liv, slik at jeg for alltid kan leve i den fjerde dimensjonen, kjærlighetsdimensjonen, Åndens verden - i den Hellige Ånd. Amen.

Daglig gjennombrudd

8. Januar

Åpenbaring fra gresk

La oss forklare ordene fra gresk
I mange tilfeller vil det også gi deg åpenbaringskunnskap, som er dyrebar for deg å ha.

Vi tar et ord fra Mark 11, 23.24. Ordet er «vederfares». Skal man være helt ærlig mot seg selv, så gir ikke dette ordet noe særlig mening. Eller gjør det det? I den engelske Bibelen står det «have» (ha). Det er heller ikke så veldig konkret.

La oss se hva det står på gresk.
Vi går til Strongs concordance of the Bible:
På gresk står det «lambano», som betyr «mottar/tar imot». Det er aktive handlings-ord. **Tro er handling,** tro er et verb. Alle verb er handlings-ord. Nå begynner det å bli forståelig i vårt sinn.

Daglig gjennombrudd

Troens kjøreregler
Vi sier stopp til tvilen, som ikke vil ta imot, som ikke vil tro. Her bruker vi vårt viljeliv. Og tar imot med troen som er handlings-ord og aksepterer fullt ut Guds Ord og løfter.

Troens dynamikk
Jeg tar også med noe lett forståelig fra Matteus 7, 7.8. Hør: Let (aktivt) så skal dere finne.
Bank på (aktivt), så skald det lukkes opp for dere!

Den som leter (aktivt), han finner.

Den som banker på (aktivt), for ham skal det lukkes opp.

Vil du velge Guds ledelse framfor Satans ledelse?
Vanskeligere enn dette var det ikke. Det store spørsmålet står bare igjen å besvare: Vil du tro?

Far i himmelen jeg takker Deg
for at Du alltid støtter meg når jeg velger å tro Ditt Ord og dine løfter. Uansett hva omstendighetene i det fysiske viser meg, jeg har valgt å være trofast imot Deg og Ditt Ord. Amen.

Daglig gjennombrudd

9. Januar

Er det to parallelle skapelser, eller hva?
Jorden, Ordet, Ånden og mennesket

Jeg husker tilbake til 1979, da jeg skulle tale i en Metodist kirke i Norge. Noen dager i forveien til dette møtet, hadde noe begynt å plage meg i mitt tankeliv.

Er det to skapelser eller bare en?
Det var tanker som forsøkte å skape tvil i meg og til slutt ønsket å få løgn til å feste seg i mitt tankeliv. Dette var et åndelig angrep, dette var krig i åndens verden. Jeg forsto ikke så mye av dette på den tiden. Men Satan var tidlig ute for å få meg av den åndelige banen med Herren, som jeg hadde begynt på. Dagen før møtet, på morgenen mens jeg pusset tenner, kom åpenbaringen. Da forsto jeg dette. Tvilen og løgnen hadde tapt. Dette er hva teologer (på universiteter verden over) som ikke er født-på-ny, ikke kan forstå. Dette kan kun forstås gjennom åpenbaring. Forståelse til vårt sinn, som er den største delen av vår sjel.
Vi tar nr 1 i dag og 2 og 3 i morgen.

Daglig gjennombrudd

1
Det talte Ordet

Jeg "så" to skapelser i de to første kapitlene i 1 Mosebok. I det første kapittelet ble alt **talt** til liv. I det siste verset i kapitlet, så Gud at alt Han hadde talt til liv var bra.

"Og Gud så på alt Han hadde gjort, og se, det var såre godt." (1 Mos 1, 31)

Jeg gikk videre til kapittel 2 og vers 5, hvor det er skrevet at «ingen markens busk på jorden hadde ennå kommet frem».
Nå forsto jeg ingenting. Jeg sa til Gud: «Dette må Du gi meg en åpenbaring på. Dette må bli et åpenbart "mysterium" for meg».
Dagen etter kom åpenbaringen. I kapittel 1 viste Han meg at det kun dreide seg om det **talte** Guds Ord, på samme måte og med samme autoritet som vi i dag har det **skrevne** Guds Ord, Bibelen.

Takk Fader

Jeg takker deg Far, at Du åpenbarer denne virkeligheten for meg, som vil være en pilar i mitt åndelige liv. Takk at Du i din nåde og godhet vil la også meg oppleve et liv i den Hellige Ånds åpenbaringer. Amen.

Daglig gjennombrudd

10. Januar

II
Er det to parallelle skapelser, eller hva?
I dag tar vi del 2. Gud velsigne deg idet Gud får et større og større åndelig grep om din indre verden.

2 Den levendegjørende Ånden
I 1 Mos 2, 5.7 viste Gud meg at det skrevne Guds Ord **alene** ikke er nok. Det skrevne Guds Ord må bli **åpenbart og levendegjort ved den Hellige Ånd,** ved Guds Ånd. Vers 5 forteller meg at det ikke hadde kommet noe **regn** enda. Da gikk det et lys opp for meg: Vannet er et bilde på den Hellige Ånd, Guds Ånd! Da forsto jeg at Guds Ånd måtte levendegjøre de døde ordene. Slik at de kan bli de levende Guds Ord.

"Men det hadde ennå ikke regnet på jorden." Det var heller ikke nok. Det måtte også komme "et menneske som kunne dyrke jorden."

Daglig gjennombrudd

3 Gud måtte ha et menneske å arbeide gjennom

Det måtte komme et menneske som den Hellige Ånd kunne arbeide gjennom. Bibelen sier i vers 5 at "det var ikke noe menneske til å dyrke jorden."

Alle elementer var på plass
Nå som mennesket hadde kommet, var alle de nødvendige elementene på plass. Ordet - Ånden - mennesket - nede på jorden. Alle nødvendige elementer var til stede. Fra vers 7-14 ser vi alle ting skje. Her ser jeg helt klart: At på den samme måten Gud brukte for å skape fra den første dag, er den samme måten Jesus underviste disiplene på i evangeliene - for å få ting til å skje.

"Jesus sa: Alt er mulig for den som tror."
(Mark 9, 23)

Tro er et verb, alle verb er handlings-ord. Så hva dette sier er: Ta det skrevne Guds Ord, handle på det og den Hellige Ånd vil levendegjøre det, **den Hellige Ånd vil la det skje og bli en virkelighet i den fysiske verden!**

Jeg takker Deg Fader
for at Du åpenbarer Ditt Ord til forståelse i mitt sinn - så jeg kan tro det. Jeg vet at kun ved Din åpenbaring av Ordet, kan jeg tro det. Det finnes aldri lenger en skygge av tvil på at Ditt Ord ikke er sant. Ditt Ord står evig fast! Amen.

Daglig gjennombrudd

Daglig gjennombrudd

11. Januar

Tyven (din beseirede fiende)

"Jesus sa: Tyven, djevelen, kommer bare for å stjele, myrde og ødelegge. Jeg er kommet for at dere skal ha liv og overflod." (Joh 10,10)

"Dertil er Guds Sønn åpenbart, at Han skal gjøre ende på djevelens gjerninger." (1 Joh. 3:8)

"Han (Jesus) avvæpnet maktene og myndighetene og stilte dem åpenlyst til skue, da Han viste Seg som seierherre over dem på korset". (Kol 2,15)

Vi har Guds seiersbok, med Guds løfter - Bibelen.
Guds menighet på jorden i dag, er herre over djevelen. Men det sørgelige er at størstedelen av Guds menighet, er bundet av den de er ment å være herre over. Alle vi som er født-på-ny, er lemmer på Kristi legeme og tilhører

Guds menighet. Du skal ikke lenger gå med på å være bundet av djevelen.

"... for Han er trofast som ga løftet." (Heb 10,23)

"Gud sa: Jeg vil våke over Mitt Ord, så Jeg fullbyrder det." (Jer 1,12)

«Alle troende kan bli seierherrer over djevelen - over natten», sa den avdøde, kjente forkynneren E.F. Bosworth.

Da Jesus sto opp fra de døde, etterlot Han Seg: En evig beseiret djevel.

Tenk alltid på djevelen som beseiret! Tenk på djevelen som en som Jesus og du, i Jesus navn, har full dominans og autoritet over.

Takk Fader

Jeg takker Deg Far i himmelen, at min fiende Satan er en evig beseiret fiende. Jeg stoler helt ut på Deg og Ditt Ord. Takk for at Du i Din Sønn Jesus Kristus ga Ditt liv for meg, så jeg skulle få leve. Amen.

Daglig gjennombrudd

12. Januar

Vi er Hans (Jesu) verk, skapt i Kristus Jesus

"Vi er Hans (Jesu) verk, skapt i Kristus Jesus til gode gjerninger (troens handlinger)." (Ef 2,10)

"Derfor, om noen er i Kristus, da er han (eller hun) en helt ny skapning. Det gamle er forbi, se alt er blitt nytt." (2 Kor 5,17)

Vi er nye i Kristus - vi er hundre prosent nye - vi er skapt som seierherrer over ondskapen - djevelen. Vi er lemmer på Kristi legeme. Vi er Hans kjøtt og bein. Så på grunnlag av disse skrevne Ord, så er sannheten: Hva Kristus er - har vi blitt. Vi er hva Han er - vi er i Ham. Jesus bekreftet dette mange ganger.

Daglig gjennombrudd

"Den som tror på Meg, han skal også gjøre de gjerninger (handlinger) Jeg gjør. Og han skal gjøre større enn disse, for Jeg går til Min Fader."
(Joh 14,12)

Vi har fått autoriteten til å gjøre de samme gjerninger/handlinger som Jesus gjorde, ved å gjøre dem i Hans navn. Da vil dette si at Gud ser oss i Kristus.

"For av Hans, Kristi fylde, har vi alle fått." *(Joh 1,16)*

Det å fortelle hva djevelen gjør i våre liv, er å fornekte hva vi er i Kristus.

Takk Fader
Takk Far at Du våker over meg når jeg lever i Ditt Ord og adlyder Ditt Ord, slik at jeg alltid har Din virkelighet som prioritet nummer en i mitt liv - uansett hva omstendighetene forsøker å fortelle meg. Takk for at jeg er Ditt verk Fader, skapt i Kristus Jesus. Amen.

Daglig gjennombrudd

13. Januar

Når du vet du er - hva Kristus sier du er

Når du vet du er - hva Kristus sier du er, når vi bekjenner Guds Ord - og handler på Guds Ord - da blir Gud æret, og tyven gjort til skamme.
Han kan ikke stjele fra deg, når du vet hvem du er - og du bekjenner og handler på det. Djevelen, tyven, er din beseirede fiende.
Ha dette alltid bevisst i ditt tankeliv:

Da Jesus sto opp ifra de døde - etterlot Han bak Seg, en evig beseiret djevel!
Det er din virkelighet i dag. La kjærlighetens Ånd og Ord, den Hellige Ånd, få gjennomstrømme deg hver en dag. Så du kan leve slik Herren vil du skal leve i Han, som en overvinner i kjærlighet i verden.

Daglig gjennombrudd

Når Jesus sa:

"Alt er mulig for den som tror."
(Mark 9,23)

Da mente Han alt - Guds Ord mener hva det sier!

Takk Fader
Den seier Jesus vant på Golgata er min, som et gjenfødt menneske med Jesus som Herre. Jeg er i Kristus - hva Han er: Seierherren!
Amen.

14. Januar
Skamløs bønn

I Luk 11, 5-8 forteller Jesus om en måte å be på, som ikke ligner på noe av det som de kristne fremviser. Her er det snakk om skamløs bønn, en bønn som ikke tar «nei» som et svar.

Bønnen som gikk skamløst på
En bønn som ikke gir seg før det som blir bedt om blir overlevert. Han hadde blitt utenfor sin venns hus, hele natten om nødvendig. Han hadde blitt der til han fikk det han ba om.
E. M. Bounds har en fin oversettelse på ordet «bønn» i denne sammenhengen. Han kaller det "bønne-bryting".

Klargjøring til vers 9 og 10
Dette er som å la oss få en klarere forståelse av hvordan vers 9 og 10 mener vi skal utføre vår bønn:
Vi ber til det gis!
Vi leter til vi finner!
Vi banker på til døren går opp!

Daglig gjennombrudd

Enken som gikk skamløst på dommeren i Luk 18, 1-10

Enken gikk til dommeren for å få rett over sin motstander. Lenge ville ikke dommeren hjelpe henne. **Enken gikk på dommeren til han ga opp motstanden og i stedet ville hjelpe henne til å få seier over sin motstander.** Hør hva Jesus sier om kristne i lys av denne lignelsen.

v7-8 "Men skulle da ikke Gud hjelpe Sine utvalgte til deres rett, dem som roper til Ham dag og natt. Er Han sen når det gjelder dem?

Jesus sier: Jeg sier dere at han skal skynde seg å hjelpe dem til deres rett. Men når menneskesønnen kommer, mon om Han da vil finne troen på jorden?"

Hvilken tro snakker Jesus om?
Jo, den troen som aldri gir seg, den skamløse troen. Den troen vi må skritte ut i, hvis Guds løfter skal bli oss til velsignelse.

Daglig gjennombrudd

Fader i himmelen
Takk kjære Far i himmelen, at Du støtter oss alle når vi skritter ut i denne troen som aldri gir seg, før bønnesvaret har kommet. Uansett hvor mye det vil koste oss av vårt eget kjøtt og ego. Takk for at denne troen vil være på jorden, når Din Sønn Jesus kommer igjen. La meg være en av dem som står i denne troen. Amen

Daglig gjennombrudd

15. Januar

Rettferdighetens soldater
Endetids-manifestasjonen av Guds herlighet og kraft i Kristus, i oss som Kristi soldater

I de siste tider før Jesus kommer igjen, vil en kraft av Guds herlighet åpenbare seg, som menneskeheten aldri tidligere har vært vitne til.

Det er endetids-manifestasjonen av Guds herlighet!

"Fader! Herliggjør Din Sønn, for at Din Sønn herliggjør Deg." (Joh 17, 1)

Her ser vi herligheten går som Gud Fader har planlagt. Fra Gud Fader til Guds Sønn, fra Guds Sønn til de forløste og gjenfødte. Fra de forløste og gjenfødte til en verden som ennå ikke har hørt nyhetene om Jesu seier på Golgata. Når alle har fått høre og oppleve herlighetens budskap og vitnesbyrd praktisk, da er enden på endetiden inne - og Jesus kommer igjen.

Daglig gjennombrudd

Nå er den oppgaven gjort, så nå er det oss. Nå vil vi bli herliggjort av Sønnen, så vi igjen kan herliggjøre Ham.

"Han, Jesus, som er avglansen av Guds herlighet og avglansen av Hans vesen, og bærer av alle ting ved Sin krafts Ord."
(Heb 1, 1-3)

"Jesus, Han ser vi, fordi Han led døden, kronet med herlighet og ære, for at Han ved Guds nåde skulle smake døden for alle."
(Heb 2, 9.10)

"Paulus sa: Dersom fordømmelsens tjeneste er herlighet, da er rettferdighetens tjeneste ennå langt mer rik på herlighet." (2 Kor 3, 9)

Du kan være bærer og leverandør av Guds herlighet og kraft, hvis du er villig til å betale prisen for Guds type tro. Troen som er skamløs i sin begjæring.

Kjære Far i himmelen
Takk for at jeg ved Din nåde får leve i endens tid. Takk at Du står med meg, så jeg kan stå sterkt i den troen som alltid høster inn det som Du sådde i Din Sønn, Jesus Kristus. Amen

Daglig gjennombrudd

16. Januar
Gå ut i all verden, Kosmos, med evangeliet

Jeg deler verset i 3 deler: Del 1) "**Gå ut** i, Del 2) **all verden** og forkynn evangeliet, Del 3) **all skapningen!**" (16, 15)

Del 1: "Gå ut", i dette skriftstedet brukes ordet **koinonia,** et latinsk ord som betyr **fellesskap** (ordet er entall). Det betyr at dette gjelder absolutt alle. Vi kan aldri få brukt grunnspråket til Bibelen nok. Der er uuttømmelige sannheter som vi vanskelig finner i noen oversettelser. "**Gå ut**" gjelder oss alle.

Del 2: Verden, Kosmos
Kosmos, er det greske og hebraiske ordet som vi har gitt navnet **verden,** universet eller kosmos, disse ord blir brukt synonymt. Ordet «verden» heter på gresk og hebraisk «kosmos», som igjen oversatt til norsk betyr mer utdypet som følger: Bringe, komme, følge, orden, system, harmoni, universet, verden, evigheten, for alltid, tid, viske ut tid i minnet (fortid og fremtid, i praksis er dette

Daglig gjennombrudd

evighetens evighet), ikke begrenset til det
nåværende. Verden er hele kosmos.

Den verden vi lever i er stor og grenseløs.
Den menneskelige rase er begrenset og bor i
en liten del av verden. Menneskeheten er
klar over eksistensen av andre
planeter/galakser, samt andre ting i
universet, som da til sammen er kosmos.

Vitenskapen sier kosmos har visse
elementer. Det er tid, vakuum, rom, materie,
energi. Dette er ting som da tar plass.
Materien er da den fysiske biten i kosmos.
Videre de fysiske lover som styrer dette,
som da har vært konstant igjennom hele sin
historie.

Daglig gjennombrudd

Kjære himmelske Far

Dette er nesten uforståelig, men jeg takker Deg, fordi jeg vet det er sant. Takk at jeg kan tro denne sannheten. Takk for at jeg kan forstå det, med det gjenfødte liv i min ånd, med et segl på den gjenfødte ånden og en fylde av den Hellige Ånd i min ånd. Takk for at jeg har kommet i den posisjonen med mitt liv i den åndelige verden. Takk for at Din Sønn, Jesus Kristus, ga Sitt liv og blod for meg på Golgata kors. Takk for at dette livet, uten grenser, har jeg fått. Amen.

Daglig gjennombrudd

17. Januar

Forstår ikke, vil ikke, kan ikke

Jeg sier det igjen, menneskeheten lever på planeten Tellus, som bare er som et lite frø i verden - som er hele kosmos. Vitenskapen har sett noe av det hele, med evolusjonens briller. Det lille de har observert er riktig, men de forstår ikke, vil ikke, kan ikke se den absolutte hovedtyngden av verden, kosmos.

Inngangen til den åndelige verden

Inngangen til den åndelige verden, som ikke kan registreres av fysiske sanser, er igjennom den nye fødsel og et ydmykt overgitt liv til Kristus Jesus. I kosmos er romstørrelsen grenseløs. Noe fysisk materie er i det kosmiske rommet: Det er milliarder av galakser og flere universer.

Hele det kosmiske rommet er fylt av åndens verden

Daglig gjennombrudd

Hør på dette bibelverset:

"Vi har ikke det synlige for øyet, men det usynlige; for det synlige er timelig, men det usynlige er evig". *(2 Kor 4, 18)*

En dag forsvinner den planeten vi bor på ut av verden, ut av kosmos - og det blir en ny jord.

Johannes så dette på øya Patmos:

"Og jeg så en ny himmel og en ny jord; for den første himmel og den første jord var veket bort, og havet er ikke mer." *(Åp 21,1)*

Kjære Far i himmelen,
takk at alt jeg trenger å gjøre, er å akseptere alt Du har skapt og er. Jeg tror at alt Du har gjort og vil gjøre, er sant, ja det eneste som er fakta. Takk at jeg kan hvile i fred i alt Du har gjort. Ja, bare tro det og leve i det. Jeg ønsker å motta alt jeg kan motta fra Deg, så jeg kan tjene Deg på best mulig måte.
Amen.

Daglig gjennombrudd

18. Januar

En åndelig prioritet i våre liv

En dag er den fysiske virkelighet vi kjenner borte. Da vil det komme

"en ny himmel og en ny jord." (Åp 21, 1)

Da vil det for menneskeheten kun være den åndelige verden, enten på Satans side eller på Gud Jehovas side - og den nye himmel og den nye jord. Inntil den dagen har vi både den fysiske og den åndelige virkeligheten som vi ser i dag.

I dag synes det enkelt å ta et valg

Det synes å være enkelt i dag å ta et valg, nemlig å velge Kristus Jesus som Herre og komme inn i Guds plan i tiden. Da må det åndelige livet i Kristus, i verden (kosmos, den åndelige verden) få en første prioritet i livene våre. Dette vil føre deg inn i et spenningsfelt du aldri en gang kan drømme om før du er der.

Dette gir en helt annen tyngde, størrelse og forståelse av Mark 16, 15

Daglig gjennombrudd

Evangeliet til **all skapningen.** Det er befalingen som er gitt alle å være en del av. Vi har alle vår del ansvar for utførelsen av oppgaven, slik at Jesus kan komme igjen.

Det vi oftest har forstått med dette verset, er at evangeliet skal ut til alle unådde mennesker, så Jesus kan komme igjen. Det er den ene delen av oppgaven vår på det lille frøet Tellus i kosmos. Det er dette vi har vært opptatt av, og det er helt korrekt. Det er denne oppgaven jeg også har vært bevisst hele mitt liv. En oppgave med **deltagelse og velgjørenhet** (gresk) til de unådde med evangeliet.

Det skal vi fortsette med til Jesu kommer igjen. Dette er en del av marsjordren fra Kristus. Dette var Jesu siste befaling til disiplene før Han reiste til himmelen.

Kjære Far i himmelen
Takk, for at Du har åpnet mine øyne på en ny og videre måte i disse dager. Slik at jeg kan ha som første prioritet i min tro, Din kjærlighet og kraft til alle mennesker i henhold til Mark 16, 15. Og takk for hvordan Du spesifikt leder meg i den oppgaven. Amen

Daglig gjennombrudd

19. Januar
Revolusjon
Et lys skinner i mørket

"For Gud som bød at lys skulle skinne fram av mørket, Han er den som også har latt det skinne i våre hjerter, for at kunnskapen om Guds herlighet i Jesu Kristi åsyn, skulle stråle fram fra oss." (2 Kor 4, 6)

Det kom fra det utenom jordiske
Kom det utenfra vår galakse? Utenfor vårt univers, eller i en annen dimensjon rundt oss? En dimensjon som er her vi er, men som vi ikke er i stand til å få kontakt med? Er det en åndelig virkelighet, som styres og lever under åndelige lover, i motsetting til våre fysiske lover? Er der en verden i ånden, som er den virkelige verden?

Er det en verden som er menneskehetens redning fra fortapelse?
Jesus sa det helt tydelig:

"Er det ved Guds Ånd Jeg driver ut de onde ånder, da er Guds rike kommet til dere." (Matt 12, 28)

Daglig gjennombrudd

Kjærlighetens Ånd i aksjon

Hver gang Jesus helbredet syke og kastet ut onde ånder, så var det alltid det usynlige som gjorde oppgaven. Det blir demonstrert gjennom hele Jesu gjerning, en utenom jordisk kraft, ja, en ånd. Det var Skaperens kjærlighets Ånd, den Hellige Ånd. Det er kraften som har skapt hele kosmos og alt utenfor der. Det er den Hellige Ånd som søkte menneskeheten og søker den hver en dag, så lenge vi lever på jorden.

Er du klar for et møte med den evige Gud Jehova og Hans kjærlighet og barmhjertighet til en fortapt menneskehet? Vi må møte vår Frelser i ånden, og det kan vi.

Kjære Far i himmelen

Jeg er klar til å møte Deg, min frelser og redning Jesus Kristus. Jeg vet jeg trenger Deg, uten Deg er jeg evig fortapt. Jeg vil ikke gå fortapt, men leve mitt liv i all evighet i fellesskap med Deg, min Skaper. Vis meg veien jeg må gå, og jeg skal følge den, min kjære Frelser Jesus Kristus. Amen.

20. Januar

Den nye fødsels mirakel

Det store underet skjer, når du sier «ja» til Jesus som Herre. Muligheten til å tro det og si «ja», er også en gave av nåde fra Gud:

"For av nåde er dere frelst, ved tro, og det er ikke av dere selv, det er en Guds gave." (Ef 2, 8)

Kan du se det? Gud er etter deg.

"Da dere var kommet til troen, fått til innsegl den Hellige Ånd, som var oss lovet." (Ef 1, 13)

Den øyeblikkelige kjærlighetens trygghet
Er det noe vi trenger i denne verden, så er det akkurat det, en kjærlighetens trygghet. Den er det bare Jesus som kan gi.

Jesus redder deg
Jesu eget blod som han mottok fra sin Fader i himmelen, var det blodet Han hadde med til jorden. Dette blodet reddet deg for all evighet.

Daglig gjennombrudd

"Jesu blod renser oss fra all synd."
(1 Joh 1, 7)

Jesu blod åpnet dørene til de evige boliger, hvor vi all evighet skal leve i Guds herlighet.

Er du med meg dit?
Jeg skal dit, uansett hva andre måtte ønske - vil du også være med?

"Jesus sa: Den som ikke er med Meg - er mot Meg." *(Matt 12, 30)*

Det er et valg som må tas, et valg som avgjør evighetens vandring for oss alle. Jeg har gjort mitt valg, jeg vil følge Jesus hele veien. Skal du også være med på den vandringen? Jeg håper vi kan gå sammen der.

Takk Jesus
At du med Din frie vilje, i kjærlighet til oss mennesker, ga Ditt liv for at vi skulle leve. Takk at ditt blod renser meg fra all synd, slik at himmeldøren står åpen for meg. Takk Jesus, med Deg som Herre vandrer jeg inn i de himmelske boliger som Du har gjort i stand for meg. Amen.

21. Januar
Verdig er Du

"Verdig er Du, Jesus Kristus, med Ditt eget blod kjøpte Du oss til Gud, hver stamme, tunge, folk og ætt." (Åp 5, 9)

Hvilken kjærlighetens hengivelse og uselviskhet
Fra det himmelske, utenfor ethvert univers og inn i denne ene av milliarder av galakser - bare i vårt univers. Videre inn på den ene planeten blant milliarder -bare i vår galakse. Dette er ikke til å forstå med et menneskelig intellekt, men vi tror det og vet det er slik.

Renset fra synden
Vi små mennesker på denne lille planeten Tellus, er så viktige for Gud, at tidenes kjærlighetshistorie blir skrevet for all evighet. Jesus ga Sitt liv og blod for oss alle.

Frelse fra synden

"For Han, Jesus, skal frelse Sitt folk fra deres synder." (Matt 1, 21)

Daglig gjennombrudd

"Dersom vi bekjenner våre synder, er Han trofast og rettferdig - så Han forlater oss syndene og renser oss fra all urettferdighet." (Joh 1, 9)

"Alle dem som tok imot Ham, Jesus, ga Han rett/kraft til å bli Guds barn, de som tror på Hans navn." (Joh 1, 12)

Djevelen tror også - og skjelver

"Djevelen tror og skjelver." (Jak 2, 19)

Det hjelper ikke hva forføreren djevelen tror, han har ingen mulighet til det vi har. Han er bestemt for ildsjøen på grunn av sin ondskap og ulydighet mot Gud og menneskeheten.

Vi løfter våre hender med fryderop

"Jesus, jeg vil at Du skal være min Herre. Jeg tror at Gud oppvakte Deg ifra de døde." (Rom 10, 9.10)

Jeg vil tilhøre Deg for all evighet. Jeg vil være frelst, vil til himmelen og vil være sammen med Deg og alle de hellige i all evighet. Hvilken bekjennelse! Jeg har den, vil du også ha den?

"Men dersom vi vandrer i lyset, likesom Han er i lyset, da har vi samfunn med hverandre, og Jesu Guds Sønns blod renser oss fra all synd." (1 Joh 1, 7)

Takk kjære Fader Gud
For et kjærlighetens verk Du regisserte i Sin fullkommenhet. Takk for at jeg er reddet for tid og evighet. Takk at jeg i Jesus Kristus er funnet verdig, gjennom renselse i Jesu blod er jeg funnet verdig. Takk kjære Fader Gud, for Din nåde mot meg, at jeg kan kalles Ditt barn for evig. Amen

Daglig gjennombrudd

22. Januar
Jesus oppslukte døden for evig

"Han skal oppsluke døden for evig, og Herren Israels Gud, skal tørke gråten av alle ansikter, og Sitt folks vanære skal Han ta bort fra hele jorden; for Herren har talt."
(Jes 25, 8)

Forberedt i det himmelske
Dette ble klargjort i det himmelske før Jesus kom. Guds kjærlighets plan var allerede klar.

Den port er trang

"Den port er trang, den vei er smal, som fører til livet - få er det som finner den."
(Matt 7, 14)

Gir alt - får alt
Det å følge Jesus er absolutt ikke noe man leker seg til. Å følge Jesus må gjøres med nøye overveielser. Det er en disiplinens vei å gå. Det er en selvfornektelsens vei å gå. Men den er gjennomførbar, hvis vi er villige

Daglig gjennombrudd

til å la Jesus bli vår Herre. Ingenting er mer vidunderlig i denne verden enn å følge i Jesu fotspor. Det er en ære å få følge Ham og gi alt for Ham. Gir vi alt til Ham - så får vi alt fra Ham.

"Jesus er veien, sannheten og livet."
(Joh 14, 6)

Han er den rette veien å følge

"Jesus svarte: Sannelig sier Jeg dere: Det er ingen som har forlatt hus eller brødre eller søstre eller mor eller far eller barn eller åkrer for Min skyld og for evangeliets skyld; uten at han skal få hundrefold igjen, nå her i tiden hus, brødre, søstre, mødre og barn, og åkrer under forfølgelser, og i den kommende verden evig liv. (Mark 10, 29.30)

Omvendelsens vei
Du må snu rundt fra et liv dominert av Satans tanker som former og danner den fysiske verden. Det høres tøft ut. Ja det er akkurat hva det er. Men det går. Menneskeheten har ikke forstått at det er Satan som styrer gjennom tanker, når den forståelsen går opp for mennesker, er de et stort skritt i riktig retning mot Herren Jesus.

Daglig gjennombrudd

Vekk fra morderveien og inn på livets vei

Les Galaterbrevet 5, 16-22. Her ser du hele forskjellen på vandringen i kjøttet, det naturlige menneskets vandring styrt av Satans tanker, og videre i vers 22 hvor Guds tanker kommer inn. Du ser de evige evigheters forskjeller. Her kan du velge en mulighetenes vei, som ser umulig ut. Men alt er mulig for den som tror. Når Jesus har blitt din **Herre,** er du en troende. Da er den umulige veien fullt ut mulig for deg.

Takk Fader

At Du har latt meg se livets vei og at det er mulig å gå denne kjærlighetens vei. Veien hvor jeg finner Deg, helt personlig. Det er fantastisk å kunne si: Det er Deg og meg i sammen, Herre Jesus, for evig. Amen.

Daglig gjennombrudd

23. Januar

Såkornets kraft

Såkornet - bedre enn berøring

"På syke skal de legge sine hender og de skal bli helbredet." (Mark 16, 18)

"Men da solen gikk ned, kom alle som hadde syke som led av forskjellige sykdommer, og førte dem til Ham; og Han la Sine hender på hver især av dem og helbredet dem." (Luk 4, 40)

Såmaskin

"Troen kommer av forkynnelsen og forkynnelsen ved Kristi Ord." (Rom 10, 17)

Herren virket med

"Men de gikk ut og forkynte Ordet alle steder, og Herren virket med og stadfestet Ordet ved de tegn som fulgte med." (Mark 16, 20)

Daglig gjennombrudd

Jesus den samme i dag
Jesus etterlot oss kornets kraft.

"Jesus Kristus i dag, i går den samme, ja til evig tid.

La dere derfor ikke føre på avveie med andre og fremmede lærdommer."
(Heb 13, 8.9)

"Jeg, Herren, har ikke forandret Meg."
(Mal 3, 6)

Sannheten - sæden

"Dere skal kjenne sannheten og sannheten skal sette dere fri." (Joh 8, 32)

Sædens enkelhet

"For disse er falske apostler, svikefulle arbeidere, som skaper seg om til apostler for Kristus." (2 Kor 11, 13)

Det er den enkle enfoldige troskapen mot Kristus som bryter åket, ja som bryter igjennom Satans festningsverker.

Daglig gjennombrudd

Kraften i det enkle evangeliet

"Han, Gud, har gjort min munn til et skarpt sverd." *(Jes 49, 3)*

"Guds Ord er skarpere enn noe tveegget sverd." *(Heb 4, 12)*

"Til evig tid står Ditt Ord fast." *(Salme 119, 89)*

"Jeg vil bevare Min miskunnhet mot ham til evig tid, og Min pakt skal stå fast for ham." *(Salme 89, 29)*

"Er ikke Mitt Ord som en ild, sier Herren, og lik en hammer som knuser berg?" *(Jer 23, 29)*

Når du tror Ordet – kan du bruke det – når du bruker det – elsker du det

Kjære himmelske Far
Når jeg forstår Ditt Ord som såkorn med spirekraft, velger jeg å tro det - og forventer at Ditt Ord vil bli fullmodent gjennom mitt liv. Amen.

Daglig gjennombrudd

Daglig gjennombrudd

24. Januar

Marsjordren
Kjærlighetsordren - grunnlaget for marsjordren

"Et nytt bud gir Jeg dere, at dere skal elske hverandre; liksom Jeg har elsket dere, skal også dere elske hverandre." (Joh 13, 34)

Vårt personlige kristenliv må komme i vekst. Vi ser at kjærligheten er det grunnleggende for alt. Det er Guds Ord, Bibelen, vi må adlyde. Kristus er ikke mer Herre i våre liv, enn hva Bibelens Ord er.

Bibelen er Ordet, Ordet er Jesus Kristus, Jesus Kristus er kjærligheten

"Kristus er Ordet." (Joh 1, 1-14)

"Den som har Mine bud og holder dem, han er den som elsker Meg. Den som elsker Meg, skal elskes av Min Fader, og Jeg skal elske ham og åpenbare Meg for ham." (Joh 14, 22)

Daglig gjennombrudd

Kjærlighetens plattform
Ser du, i kjærligheten er plattformen for åpenbaringen av Ordet. Den gir deg tro for det som Ordet har åpenbart for deg. Ordet forklarer seg selv, Ordet selv gir deg åpenbaring.

"Men det er et annet bud som er like stort: Du skal elske din neste som deg selv."
(Matt 22, 39)

Når kjærligheten er på plass i livet ditt, har du kommet til det punktet hvor Guds levende Ord, gjennom deg - vil virke i tro med kraft.

Marsjordren
Når du elsker - så tror du

"Og Jesus sa til dem: Gå ut i all verden og forkynn evangeliet for all skapningen!"
(Mark16, 15)

Sannheten setter mennesker fri
Vi beseirer demoner/åndsmakter ved å gi folket sannheten i evangeliet.
Demonene er livredde for at sannheten skal forkynnes/proklameres, for de vet at sannheten vil sette folket fri.

Daglig gjennombrudd

"Og dere skal kjenne sannheten, og sannheten skal frigjøre dere." (Joh 8, 32)

Dette er den eneste kampen i åndens verden vi har. Dette er å rive ned Satans festningsverker av tanker og følelser i vårt sinn.

Kjære Far
Jeg takker deg for Ditt Ord, som veileder meg til sannheten når jeg tar det imot. Far, jeg vil la Ditt Ord bearbeide meg og gjøre meg klar til den store marsjordren som er misjonsbefalingen. Takk for de arbeidsredskaper av guddommelig karakter som er gitt meg til å bruke i denne oppgaven. (Mark 16, 17.18)

Daglig gjennombrudd

Daglig gjennombrudd

25. Januar

Du er skapt til å vinne

I åndens verden, legger de negative demoniske og sataniske krefter, strategier på å drepe enkeltindivider og nasjoner.

"Satan kommer bare for å stjele, myrde og ødelegge." (Joh 10, 10)

Du må kjenne Satans taktikk

Dette er Satans hensikt i enhver handling han gjør. Satans taktikk er den samme som den alltid har vært, men du må kjenne den. Det at du kjenner den, gjør hele forskjellen. Da kan du ta ham hver gang.

Finn nøklene

Jeg nevner igjen: Johannes-evangeliet.

"Tyven, Satan, kommer bare for å stjele, myrde og ødelegge; Jeg er kommet for at dere skal ha liv og ha overflod."
(Joh 10, 10)

Daglig gjennombrudd

"For om vi vandrer i kjøttet, så kjemper vi ikke på kjødelig vis. For våre stridsvåpen er ikke kjødelige, men mektige for Gud, til å omstyrte festningsverker, idet vi omstyrter tankebygninger og enhver høyde som reiser seg mot kunnskapen om Gud, og tar enhver tanke til fange under lydigheten mot Kristus." (2 Kor 10, 3-5)

Satan bruker ord - det er hans våpen
Satan bruker ord, som han inngir i vårt tankeliv. Gir vi det rom, går vi i enighet med hans ord og hans «seiere».

Bruk Guds Ord, som er vårt kraftigste våpen
La oss ta Guds Ord, Bibelens Ord, som første prioritet i våre liv. La Guds Ord bli implantert i ditt tankeliv.

Løft Guds Ord opp imot Satans tanker
Løft Guds Ords løfter opp imot Satans tanker som angriper. Løft Ordet opp i Jesu navn. Da må Satans tanker slippe taket - og gå. Hold fast på Ordets løfter - til Satans tanker går. Når Ordet er solid implantert i ditt tankeliv, har du en barriere mot Satans angrep, som virker hver gang. Jo mer Guds Ord fester seg i deg, jo enklere blir det å seire.

Daglig gjennombrudd

Det virker så "menneskelig", men dette er åndens kamp slik den utføres.

Takk kjære Fader
Jeg elsker Deg og Ditt Ord. Jeg vil alltid la det ha første prioritet i mitt liv. Jeg ønsker å leve et seirende liv til Din ære. Takk kjære Far, at det er fullt ut mulig for meg. Jeg starter dette livet nå. Takk for at Du vandrer med meg, når jeg begynner på seiersvandringen.

Daglig gjennombrudd

26. Januar

Vitne med mot

Strid troens gode strid

"Strid troens gode strid, grip det evige liv, som du ble kalt til, du som og har avlagt den gode bekjennelse for mange vitner!"
(1 Tim 6, 12)

Som vi ser av Paulus brev til Timoteus, så er det ingen seier uten kamp. Gå inn i kampen og grip det evige liv. Det evige livet du er kalt til, og vitner om for mennesker.

Det evige livets seiersvandring

La mennesker få se at du vandrer i seier. La dem få se du har grepet det evige livet. Jeg kjenner med glede i mitt hjerte og tårer i mine øyne, denne vidunderlige sannhet. Jeg har grepet det evige liv. Det er en virkelighet for meg, som venter på meg når det jordiske livet er over. Da går jeg videre i evighetsvandringen, bare i en annen dimensjon.

Daglig gjennombrudd

Vi lever videre for evig
Skal du gå med meg i denne vandringen? Jeg håper vi blir mange som vandrer i sammen innover i det evige livet vi har grepet.

Vi går modig ut som vitner (martyrer, gresk), vi vandrer i vår Gud-gitte tro på seieren

"For alt det som er født av Gud, seirer over verden; og dette er den seier som har seiret over verden; vår tro." (1 Joh 4, 4)

Ekte åndelig krigføring er ikke strid mot demoniske makter i "drivhuset". Det er å utøve den Hellige Ånds kraft med Bibelens Ord og løfter, i Jesu navn, **der ute hvor fienden er**, verden over.

"Vær derfor Gud undergitt! Men stå djevelen imot, og han skal fly fra dere." (Jak 4, 7)

Er du klar?

Kjære Fader
Jeg vil være deg lydig. Jeg er klar til å bli istandsatt for denne oppgaven, som er min, og alle andre gjenfødtes. Takk for at Du støtter meg når jeg målbevisst går inn for å bli en seirende kristen i Din Sønns, Jesu navn. Takk Fader at Du er med meg hele veien. Jeg elsker det av hele mitt hjerte. Amen.

Daglig gjennombrudd

27. Januar

Gud ønsker å stadfeste Sitt Ord gjennom ditt liv

Når du forstår Kristi kjærlighet og seier, vil du omfavne den av alt du er, og utøve den i praktisk handling. Du gjør/tror Kristi seier ut i din verden. Du identifiserer deg med Kristus, du identifiserer deg med den seirende Kristus.

"Men Gud være takk, som alltid lar oss vinne seier i Kristus og ved oss åpenbarer Sin kunnskaps duft på hvert sted!"
(2 Kor 2, 14)

Åpenbaringens duft
Når du lever overgitt til den Herre Jesus Kristus, vil Hans åpenbaring være tilstedeværende i ditt liv - alltid. Da vil den fantastiske duften av Hans åpenbaring slå igjennom med Åndens kraft - på ethvert sted du proklamerer det vidunderlige navnet Jesus - og Jesu seier.

Seieren er vunnet
Kristne kjemper mot demoner, de har ikke forstått Kristi seier. De undervurderer Kristi

seier. Når dette er en virkelighet, kommer Satan inn på de åndelige områdene rundt oss, med sine løgner. Han gjør det vi burde gjøre. Han manipulerer oss, slik at vi tror løgnene. Satan binder de kristne på områdene de skulle være løst.

"Din sannhet vil alltid vokte deg." (Salme 40, 12)

"Send Ditt lys og Din sannhet, la dem lede deg." (Salme 43, 3)

"Og i Din herlighet farer du seierrik fram for sannhets, rettferdighets saktmodighets skyld!" (Salme 45, 5)

"Sannhet skal vokse opp av jorden og rettferd skue ned fra himmelen."
(Salme 85, 12)

Jeg hører Herren kalle deg ut til Sin herlighet og sannhet. Han kaller deg i Kristus, til et kjærlighetens seirende liv i åpenbaring og herlighet.

Far jeg kommer
på alvor denne gangen. Takk for at du vil
hjelpe og lede meg igjennom Ditt Ord, når
jeg tar det på alvor. Jeg vil leve i Ditt Ord
og igjennom Ditt Ord. Jeg vil proklamere
Ditt Ord på ethvert sted det byr seg
muligheter. Jeg vet at du ønsker å stadfeste
Ditt Ords sannheter igjennom meg. Takk at
Du alltid er med meg. Jeg elsker Deg av
hele mitt hjerte, for alltid. Amen.

Daglig gjennombrudd

28. Januar

Sannheten gir seieren

Når jeg taler evangeliet verden over, så vet jeg hva som bringer seieren. Seieren vinnes ene og alene gjennom proklamasjonen av sannheten, det skrevne Guds Ord, proklamert i Åndens åpenbaring.

Dette er kraften som bryter ned festningsverkene der og da, som Satan har bygd opp. Det bryter ned og forsvinner i menneskers liv, som tar imot i tro. Skal de bli bevart i den friheten de mottar, må de bygge opp Guds styrke i sitt eget liv, igjennom studiet og vandringen på det skrevne Guds Ord - i tro.

"For om vi vandrer i kjøttet, så strider vi dog ikke på kjødelig vis.

For våre stridsvåpen er ikke kjødelige, men mektige for Gud til å omstyrte festningsverker,

idet vi omstyrter tankebygninger, og enhver høyde som reiser seg mot kunnskapen om Gud, og tar enhver tanke til fange under lydigheten mot Kristus." (2 Kor 10, 3-5)

Daglig gjennombrudd

Vårt sterkeste våpen
Vårt sterkeste våpen, for å vinne uomvende til Kristus-proklamasjonen av sannheten, det skrevne Guds Ord - åpenbart ved den Hellige Ånd - over våre lepper.
Igjen fungerer dette kun i tro.

"For av nåde er dere frelst, ved tro, og det er ikke av dere selv, det er en Guds gave."
(Ef 2, 8)

Ordet blir hørt, trodd og handlet på, når de gjenfødte deler det i åpenbaring, over sine lepper i troens handling.
Sannheten gir seieren.

"Så kommer da troen av forkynnelsen, og forkynnelsen ved Kristi Ord, det åpenbarte skrevne Guds Ord." *(Rom 10, 17)*

Da må Ordet deles og proklameres

"Hvordan kan de påkalle den de ikke tror på, og hvordan kan de tro der de ikke har hørt? Og hvordan kan de høre uten at det er noen som forkynner." *(Rom 10, 14)*

Troens natur
Den identifiserer seg med Kristus.
Den godtar kun Kristi seier på Golgata kors.

Daglig gjennombrudd

Troen har retten til å velge. Valget - det er fiendens eneste inngangsport.
Satan er ikke problemet - våre (ofte) feile valg er.

Kjemper troens gode strid
Når jeg går ut på plattformene midt i "hedningens hav" - som aldri tidligere har hørt om Kristus - da strider jeg troens gode strid.
Det er fantastisk å stå ansikt til ansikt med hedningene som aldri har hørt om Jesus, og gi dem livets Ord til et helt nytt liv - som de er skapt til å leve.

Kjære Fader
Jeg takker Deg for det store privilegiet som er meg gitt. Jeg har blitt gjenfødt, blitt en ny skapning inn i Guds plan med mitt liv. Jeg har fått privilegiet til å formidle Din sannhet, til de som aldri har hørt om Deg. Takk at jeg får være en av Dine mange disipler, som har blitt gitt kraften til å bringe nådens budskap til de unådde. Amen.

Daglig gjennombrudd

Daglig gjennombrudd

29. Januar

Fredens evangelium

Når Paulus snakker om dem som bringer de gode nyhetene ut, evangeliet om Jesus Kristus, siterer han fra Jesaja.

«Å hvor vakre hans føtter er på fjellene, den som forkynner evangeliet om gode nyheter, som bringer bud om fred...» (Jes 52, 7)

"Paulus sier: Og Guds fred, som overgår all forstand, skal bevare deres hjerter og deres tanker i Kristus Jesus." (Fil 4, 7)

Det er snakk om en fred som går høyere enn forstanden, det menneskelige intellektet. Her er det snakk om sann fred. Den sanne freden er av Ånden, den Hellige Ånd. Her er det snakk om Kristi fred.

"For Han er vår fred, Han, som gjorde de to til ett og nedrev gjerdets skillevegg, fiendskapet." (Ef 2, 14)

Freden beseiret det alt

Den guddommelige freden, beseiret all motstand til fred. Satan er fredens fiende. Fred beseiret det alt sammen.

Daglig gjennombrudd

"Men Åndens frukt er kjærlighet, glede, fred, langmodighet, mildhet, godhet, trofasthet, saktmodighet, avholdenhet."
(Gal 5, 22)

Det er bare det du er, du kan gi
Når Kristus Jesus får regjere i våre liv som Herre, så er den freden vi eier det mennesker vil oppleve når de møter oss. Enn mer når vi deler evangeliet om Jesus med mennesker, så er det den freden som er med oss og som vår adferd viser, som gjør stort inntrykk. Det er bare det du er, du kan gi.

"Fred etterlater Jeg dere, Min fred gir Jeg dere. Ikke som verden gir, gir Jeg dere. Deres hjerte forferdes ikke og reddes ikke! Men Min fred." *(Joh 14, 27)*

Evangeliets revolusjon:
Fredens evangelium proklamert i Åndes kraft og kjærlighet, til en døende verden.

Daglig gjennombrudd

Kjære Fader
Takk for alt Du lærer meg om Deg. Slik at jeg kan vandre og tjene, slik Du ønsker jeg skal gjøre det i henhold til Ditt skrevne Ord. Jeg vet det er en lang og hard vei å gå, for Satan lar meg ikke motta noe fra Deg uten motstand. Men jeg vil være slik Du vil jeg skal være. Jeg takker Deg for at Du er med meg når jeg tar Deg og Ditt Ord på alvor. Amen.

Daglig gjennombrudd

Daglig gjennombrudd

30. Januar

Bare Jesus alene

I den verden som vi lever, hvor nytelsessyken og oppmuntringen til egoisme er i høysetet - er dette også en prøvelse som ikke unngår de kristne. Det er en verden hvor det enkle evangeliet om Jesus Kristus, ofte ikke er nok for de kristne. Det må være noe mer spektakulært. Det jeg så absolutt kan si om den saken, er at de som eventuelt uttaler det, ikke har opplevd himmelrikets krefter i full blomst i sin midte.

Det mest spektakulære i verden - er Guds kraft
Har vi opplevd Herrens kraft slik vi leser om den i Bibelen, så vet vi uten tvil at det er det mest spektakulære som finnes. Det er Skaperens egen kraft, gjort tilgjengelig for oss mennesker. Det i seg selv er helt utrolig, hvilke muligheter som er oss gitt.

"Men da de så opp, så de ingen uten Jesus alene." (Matt 17, 1-8)

Les alle åtte versene. Her ser vi disiplene ble opptatt av de spektakulære hendelsene.

Daglig gjennombrudd

Derfor måtte Herren la en sky komme og dekke til, slik at alt disiplene så, var Jesus alene.

Jesus alene

"Han er min klippe alene." (Salme 62, 3)

"Hans navn alene er opphøyet." (Salme 148, 13)

"Og det skjedde en gang mens Han ba, og disiplene var alene med Ham, da spurte Han dem og sa: Hvem sier folk at Jeg er?

Da svarte Peter: Du er Messias, den levende Guds Sønn."
(Luk 9, 18.20   Matt 16, 14-16)

I stillhet og konsentrasjon innfor Jesus - åpenbaringene kommer

Les både fra Matteus og Lukas, det er samme historie. Her ser vi at Jesus var alene med disiplene. Da kom en gjennomgripende åpenbaring.

Vi ser det er i ensomheten og i vår søken etter Herren, at åpenbaringene kommer. Er du klar for å møte Jesus og se Ham slik som Han er? Da må du belage deg på mange

Daglig gjennombrudd

ensomme, lange søkestunder. Men det er du som vil tjene på det.

Kjære Fader
Jeg ser alvoret og nødvendigheten i det å få nærkontakt med Deg. Jeg forstår det krever min fulle hengivelse til Deg alene. Takk at Du er med meg, når jeg tar dette på alvor. Det er ikke noe annet enn å tjene Deg jeg ønsker. Takk at Du møter meg og er med meg i min søken. Takk at Du vil lede meg framover når jeg tror - og vil. Amen.

Daglig gjennombrudd

Daglig gjennombrudd

31. Januar
Vitne i et krigersk samfunn

"Men Saulus fnyste fremdeles av trussel og mord mot Herrens disipler, og han gikk til ypperstepr250.

Og han ba ham om brev til Damaskus, til synagogene der, for han fant noen som hørte Guds vei til, både menn og kvinner, han da kunne føre dem bundne til Jerusalem." (Apg 9, 1.2)

"Paulus sier: Det gjorde jeg også i Jerusalem, både kastet jeg mange av de hellige i fengsel, etter at jeg hadde fått fullmakt av yppersteprestene, og når de skulle slåes i hjel, ga jeg min stemme til det.

Og omkring i alle synagogene tvang jeg dem ofte ved straff til å spotte, og jeg raste enn mer mot dem og forfulgte dem like til de utenlandske byer." (Apg 26, 10.11)

"Paulus sier: Dere har jo hørt hvordan jeg tidligere levde som jøde, at jeg over all måte forfulgte Guds menighet og ødela den." (Gal 1, 13)

Daglig gjennombrudd

Strid troens gode strid, som et vitne ikledd Guds fulle rustning
Det var en forblindet kritisk situasjon Paulus var i, da han forfulgte Kristi menighet. Han visste hvilke følger en kristen kunne få oppleve for sitt frimodige vitnesbyrd. Han minnet derfor de troende på at de alltid måtte være klare og ikledd Guds fulle rustning.

"Strid troens gode strid, grip det evige liv, som du ble kalt til, du som også har avlagt den gode bekjennelse for mange vitner!"
(1 Tim 6, 12)

"For vi har ikke kamp mot blod og kjøtt, men mot makter, mot myndigheter, mot verdens herrer i dette mørke, mot ondskapens åndehær i himmelrommet.

Ta derfor Guds fulle rustning på, så dere kan gjøre motstand på den onde dag og stå etter å ha overvunnet alt." (Ef 6, 12-13)

Den åndelige krigføringen, er evangeliet om Kristus Sitt vitnesbyrd, til den hedenske ikke-kristne verden. Nå vet du hva åndelig krigføring er: Guds levende Ord, over dine lepper - til en døende verden!

Daglig gjennombrudd

Forbered deg for å være et vitne i et krigersk samfunn.

Kjære Fader
Jeg forstår alvoret i det å være et vitne og hvilke konsekvenser det kan medføre. Jeg takker Deg for at Du gir meg den styrken jeg trenger for å være et frimodig vitne i et krigersk samfunn. Amen

Daglig gjennombrudd

Daglig gjennombrudd

Februar

Innhold

Ut i verden som et seirende vitne	115
Vinnere med Gud – tenke	
Guds tanker	119
Kraften i åpenbaringskunnskapen om evangeliet, frelser mennesker	121
Press på inn i Åndens verden – gi ikke opp	125
Å tvile er ikke aktuelt	127
Guds sønner i vekst	129
Leve i Ånden - leve i sannhet	131
Et åndelig liv	135
Klargjøring for et åndelig liv med Herren Jesus	137
Tok Sin rett i Ånden	139
Da disiplene var i vanskeligheter på sjøen	141
Kommunikasjon i Åndens verden	145
Troens styrkes	147
Ordet forvandler	149
Leve i Ordet – handle på Ordet	151
Troens stahet	153
Endetidens tros-kvalitet	155
Alltid "bevisst" til stede i deg selv som en troende	159

Daglig gjennombrudd

Hva jeg virkelig tror I 163
Hva jeg virkelig tror II 165
Hva jeg virkelig tror III 167
Frihet 169
Aksepter 171
Enok vandret med Gud 173
En hellig vandring 175
Vandre med Herren midt i stormen 177
Bevisst til stedeværelse i
livet som frelst 179
Forvandlet i sitt indre 181

Daglig gjennombrudd

1. Februar

Ut i verden som et seirende vitne

Paulus påminte kolloserne og korinterne om deres gitte seier i Kristus Jesus. En seier som skulle bringes ut til hedningene.

Hør hva Paulus sier:

"Han avvæpnet maktene og myndighetene og stilte dem åpenlyst til skue, idet Han, Kristus, viste Seg som seiersherre over dem, Satan og demonene, på korset." (Koll 2, 15)

Det er ikke en tvilsom seier Paulus presenterer, men en fullkommen seier over alle mørkets makter.

"Men Gud være takk, som gir oss seier ved vår Herre Jesus Kristus!" (1Kor 15, 57)

"Men Gud være takk, som alltid lar oss vinne seier i Kristus, og ved oss åpenbarer Sin kunnskapsduft på hvert sted!"
(2 Kor 2, 14)

Daglig gjennombrudd

Dette er fantastiske virkeligheter, Kristus med Sitt seirende liv i oss, og vår kunnskap og tro på det livet som er i oss. Dette vil gjøre at du blir en kunnskaps-duft på et hvert sted du er.

Mennesker vil merke at det er noe spesielt med deg, bare ved å se deg og være i nærheten av deg. Når du åpner din munn og snakker, selv om det kun er en dagligdags samtale, vil mennesker merke den visdommen som er i det du sier.

Å stride troens gode strid betyr:
Identifiser deg med Jesus i Hans triumf over Satan og demonene.
Svakheter/påvirkninger som Satan kommer til deg med, skal overvinnes - ikke drives ut.

Seieren er vunnet
Kristne trenger ikke stride for å overvinne en fiende som Kristus allerede har beseiret. "Onde ånder" som ikke kan kastes ut er: Negative tanker, som er et resultat av tanker vi har i vårt sinn. Spørsmålet er: Hvilke tanker vil du tenke, hvilke tanker skal ha overtaket i ditt sinn?
Disse negative tanker kan ikke kastes ut - de må bli forvandlet ved fornyelsen av ditt sinn.

Daglig gjennombrudd

"Og skikk dere ikke lik med denne verden, men bli forvandlet ved fornyelsen av deres sinn, så dere kan prøve hva som er Guds vilje: det gode og velbehagelige og fullkomne." (Rom 12, 2)

Takk Far

Jeg takker Deg for denne fantastiske muligheten til å bli et menneske med en solid karakter, igjennom Ditt Ord. Takk for muligheten til å stride troens gode strid, på den måten Guds Ord sier jeg skal gjøre det. Amen.

Daglig gjennombrudd

2. Februar

Vinnere med Gud - tenke Guds tanker

Guds seierstanker i Kristus Jesus
Kommuniser seierstankene til din verden
Tro Guds seierstanker, gjør Guds seierstanker, handle på Guds seierstanker.

Alt negativt forlater deg

"Derfor, rett de hengende hender og maktesløse knær.

Og gjør rette stier for deres føtter, for at ikke det halte skal komme rent i ulage, men heller må bli helbredet!

Jag etter fred med alle og etter helliggjørelse; for uten helliggjørelse skal ingen se Herren.

Og gi akt på at ingen viker tilbake fra Guds nåde, at ikke noen bitter rot skal vokse opp og volde men, og mange bli smittet ved den." (Heb 12, 12-15)

Daglig gjennombrudd

"For øvrig, brødre, alt som er sant, alt som er ære verdt, alt som er rettferdig, alt som er rent, alt som er elskelig, alt som tales vel om, enhver dyd, og alt det som priselig er - gi akt på det!" (Fil 4, 8)

En vinner med Gud, vil alltid identifisere seg med Kristi seier over Satan og demonene
Fortvilet å se såkalt "åndelig krigføring", rive ned "festningsverker" eller "områder". Dette ligner på heksekunst, det blir bare brukt andre ord.

Makter og myndigheter finnes ikke rundt deg, om ikke du gir det plass.

"Han som fridde oss ut av mørkets makt og satte oss over i Sin elskede Sønns rike."
(Koll 1, 13)

Kjære Far
Jeg takker Deg for at Du har vist meg hva åndelig krigføring er. At det ikke er å kjempe og streve, men å akseptere, identifisere og handle på den seier Du allerede har vunnet. Amen.

3. Februar

Kraften i åpenbaringskunnskapen om evangeliet frelser mennesker

"For jeg skammer meg ikke ved evangeliet; for det er en Guds kraft til frelse for hver den som tror, både for jøde først og så for greker." (Rom 1, 16)

Vi presser ikke evangeliet på noen. Vi forkynner åpenbaringskunnskapen om evangeliets sannheter. Vi taler som Jesus sa:

"De Ord som Jeg taler til dere, er ånd og er liv." (Joh 6, 63)

De Bibelens Ord som Gud åpenbarer for deg, er det du tror. Gud styrer livene våre ved tro. Du tror ikke annet enn det som Gud åpenbarer for deg. Det er de Ord som vil bli levendegjort gjennom deg, til dem som er rundt deg.

Hebreerbrevet sier:

Daglig gjennombrudd

"Tro er full visshet om det som håpes, overbevisning om ting som ikke ses."
(Heb 11, 1)

Jesus sa:
"Dere skal kjenne sannheten og sannheten skal sette dere fri." (Joh 8, 32)

Vi beseirer Satan og demonene på et hvert sted, ved å gi folket sannheten som er i evangeliet. Den kraften river Satans festningsverker.

Ingenting kompenserer for troens handling på Guds Ord.

Gud gir visshet ved åpenbaring, der vi håper. Gud gir overbevisning ved åpenbaring, om ting som ikke ses.

Vi kan ikke ta til oss troen selv, Gud gir den. Da Gud har gitt deg den gjennom åpenbaring, følger den Hellige Ånds kraft med.

"For jeg skammer meg ikke ved evangeliet; for det er en Guds kraft til frelse."
(Rom 1, 16)

Kjære Far
Takk for den fantastiske Hellige Ånds kraft og evangeliets virkelighet, som er tilgjengelig for meg igjennom åpenbaringskunnskapen. Jeg takker Deg for den nåde du viser meg. Amen.

Daglig gjennombrudd

Daglig gjennombrudd

4. Februar

Press på inn i Åndens verden – gi ikke opp

"Som en hjort skriker etter rennende bekker, så skriker min sjel, etter Deg, min Gud!

Min sjel tørster etter Gud, etter den levende Gud; når skal jeg komme og tre frem for Guds åsyn?

Mine tårer er min mat dag og natt, fordi man hele dagen sier til meg: Hvor er din Gud?

Vanndyp kaller på vanndyp ved duren av Dine fossefall; alle Dine brenninger og Dine bølger går over meg." (Salme 42, 2-4.8)

Er du klar for å møte din Gud, møte Ham virkelig?
La oss bevege oss med en ydmyk holdning som krigere for Gud, for å finne Ham. La oss be forbi vårt "lønnkammer" og inn i åndens verden og virkelighet.

Daglig gjennombrudd

Hør på dette som skjedde med Judas konge, Jojakin:

"Han la sin fangedrakt av og åt stadig ved hans bord, så lenge han levde.

Og han fikk sitt stadige underhold fra kongen, hver dag det han trengte, så lenge han levde." *(2 Kong 25, 29)*

Hvordan komme inn i Åndens verden?
"Jesus sa en lignelse til disiplene, at de alltid skulle be og ikke bli trette."
(Luk 18, 1-8)

Les lignelsen om enken. Hun ga seg aldri før hun fikk svaret. Det skal heller ikke du. Nå er din tid inne til å møte Gud personlig og få et helt personlig forhold til Guddommen, Gud Fader, Guds Sønn Jesus og den Hellige Ånd.

«Ikke bli trette» betyr fra gresk «ikke bli feige, ikke gi opp».

Takk Far
at Du tar meg skritt for skritt inn i dypet i den åndelige verden, til jeg får et personlig vedvarende forhold til Deg. Amen.

Daglig gjennombrudd

5. Februar
Å tvile er ikke aktuelt

"Men han be i tro, uten å tvile; for den som tviler ligner havsbølgen, som drives og kastes av vinden." (Jak 1, 6)

"Be, så skal dere gis, let, så skal dere finne, bank på, så skal det lukkes opp for dere." (Matt 7, 7)

"Alt dere ber og begjærer, tro bare at dere "mottar" det, så skal dere "motta" det." (Mark 11, 24)

Dette er fra den greske oversettelse: Be ikke med mangel av tro, be med "troens begjær".

Vær en kjempe, en som bryter igjennom
Dette krever bevisst trening i ditt sinn, som er "harddisken" i din sjel. Troens definering og styrke, gjennombrudds-kraft bygges her. Håndteringen av tvilen gjøres her.

Tvil og tro
Tvil og tro er to elementer som må forstås gjennom åpenbaring. Videre må de åndelige treningsøkter settes i gang.

Daglig gjennombrudd

Dette tar lang tid å få på plass. Men dette er veien for å bygge åndelig styrke, og for å forstå hva som skal stå hvor.

Åpenbaring i feltet og i ånden

Du lærer om bønn - på dypet i ånden. Du lærer å plassere og styrke troen i ånden og å plassere tvilen der den skal være.
I "feltet" lærer du å stole på troen og å plassere tvilen der den skal stå. Du vil få trening på to forskjellige steder.

Gud vil lære deg personlig

Gud Fader vil forme og danne deg slik Han vil ha deg. Dette gjør Han ene og alene gjennom Sitt åpenbarte Ord til deg.

Kjære Fader

Jeg begynner å forstå alvoret i det å følge Deg. Jeg vil følge Deg, takk at Du er med meg når jeg skritter ut i det som tales om her. Amen.

6. Februar

Guds sønner i vekst

"For så mange som er ledet av Guds Ånd, er Guds barn." (Rom 8, 14)

Vi starter alle som barn rent fysisk. I det åndelige, som gjenfødte mennesker, starter vi også som barn. Men en utvikling må i gang. Et naturlig menneskebarn vil dø uten mat. Akkurat det samme skjer med et nytt født-på-ny menneske. Hvis det ikke øyeblikkelig starter med mat, vil det raskt dø.

Her finnes ingen snarveier
Fornyelsen av "harddisken", din hjerne, som er en vital del av din sjel, må komme i gang.

"Bli forvandlet ved fornyelsen av deres sinn." (Rom 12, 2)

Dette er prosessen som litt etter litt skaper åndelig modenhet. Denne prosessen gjør deg også mer og mer lik Kristus. Jo mer du blir lik Ham, jo mer moden blir du åndelig. Og ditt sinn blir forvandlet.

Daglig gjennombrudd

Her går vi igjennom en systematisk prosess.
Vi tar i økende grad på mer av Kristi sinn
og avlegger mer av vårt kjødelige sinn.
Dette skjer igjennom Guds Ord, Bibelen.

"For å hellige den, idet Han renset den ved vannbadet i Ordet." (Ef 5, 26)

Gud vil forvandle hver en mikrobit av deg, som tidligere har vært under syndens natur, og manipulert av Satans tanker til ditt sinn.

Gud styrer med tanker - Satan styrer med tanker
Hvem vil du skal styre deg?

Nå må din frie vilje bestemme seg: Hvem skal være herre i deg? Gud eller Satan?
Satan har alltid jobbet systematisk i det skjulte med mennesker. Gud arbeider enn mer systematisk med mennesker, både i det skjulte, i ånden og i det åpenbare, i tjenesten for Ham.

Kjære Far
Jeg forstår at Du vil ha meg dit jeg skal være med mitt liv - og at det vil koste meg alt. Jeg er villig, så led mitt liv etter som jeg nå begynner å gå i den retningen Du vil ha meg i. Amen.

Daglig gjennombrudd

7. Februar

Leve i Ånden – leve i sannhet

"For kjøttets attrå er død, men Åndens attrå er liv og fred." (Rom 8, 6)

De som lever etter kjøttets sanser, kan ikke tekkes Gud. Vi ser at det er en systematisk radikal forandring som må til.

Viljen må få kontroll over troen og tvilen
Dette skjer (som vi har sett) igjennom vannbadet i Ordet. Vårt sinn må forvandles til å adlyde og styres av Guds Ord. Det er det vi i utgangspunktet, helt tilbake til Adam og Eva, var bestemt til å leve etter. Da vår sjel har blitt gjennomsyret av syndens natur igjennom tankegods fra Satan, er denne **forvandlingen** jeg snakker om en total nødvendighet for en kristens liv.

Et "åndeliggjort kjøtt"
Det er umulig å leve i kjøttet og ånden samtidig. Mange tror de er åndelige. De gjør åndelige «øvelser», men kun i kjøttet. Det som da skjer med mennesker som utøver denne type "gudsdyrkelse", er at Satan og demonene øyeblikkelig kommer på banen.

Daglig gjennombrudd

Satan kommer med de rette religiøse tankene, demonene kommer med innspill for fysiske aktiviteter av "åndelig karakter".

Faller, roper, rister, kommer med "profetiske ord"
Dette er ikke noe bevis på at det er Herren som arbeider.

"Man skal si til Meg på den dag: Herre! Herre! har vi ikke talt profetisk ved Ditt navn, og utdrevet onde ånder ved Ditt navn, og gjort mange kraftige gjerninger ved Ditt navn?

Og da skal Jeg vitne for dem: Jeg har aldri kjent dere. Vik bort fra Meg, dere som gjorde urett!" (Matt 7, 22 – 23)

"For så mange som drives av Guds Ånd, de er Guds barn." (Rom 8, 14)

Uansett hva slags overnaturlige kraftgjerninger, "guddommelige" innslag som skjer: Vi prøver ingenting på hva vi ser, men hva den Hellige Ånd i vår ånd vitner.
Leve i Ånden - leve i sannhet.

Daglig gjennombrudd

Kjære Far
Jeg ser alvoret i det jeg leser. Jeg bøyer meg for Deg og vil ha Deg som den virkelige Herren i mitt liv. Jeg vil at Du ved Din Ånd skal regjere i mitt liv, og ikke Satan (gjennom mine sanser inn i min sjel) med hovedfeste i mitt tankeliv. Takk for at Du er med meg når jeg går på Ditt Ord og adlyder det. Amen.

Daglig gjennombrudd

Daglig gjennombrudd

8. Februar
Et åndelig liv

"Jesus sa: Gå ut i all verden og forkynn evangeliet for all skapningen."
(Mark 16, 15)

Et skriftsted var helt nødvendig for meg å få en forståelse over. Det står skrevet i Forkynneren 3, 11.

"Alt har Han gjort skjønt i Sin tid; også evigheten har Han lagt i deres hjerte."
(Fork 3, 11)

Dette verset ga meg et lite problem. Jeg så at i engelske og amerikanske Bibler, sto ordet «verden» i stedet for ordet «evigheten». Dette fikk jeg åpenbaring på da jeg forberedte meg til et korstogsmøte på Sri Lanka.

"Evigheten" og "verden" var begge riktige ord
Ordet for «evigheten» og «verden» er begge en del av ordet fra gresk og hebraisk:
Kosmos. Som igjen oversatt til norsk betyr: Bringe, komme, følge, orden, system,

Daglig gjennombrudd

harmoni, universet, **verden, evigheten,** for alltid, viske ut tid i minnet (fortid og fremtid, i praksis er dette evigheten), tid og evighet. Ikke begrenset til det nåværende.

I lønnkammeret - ut i ånden
Vi skal fungere både i ånden og i det fysiske, med de åndelige krefter fra Gud.

Blant hedningene med tegn, under og mirakler
Utøvelse fra det fysiske til det åndelige, i åndens verden, og utøvelse fra det åndelige i åndens verden, til det fysiske.

Begge deler er med i Jesu befaling i Markus 16, 15. Begge deler fungerer på nøyaktig samme utøvelse av troen.

Kjære Far
Takk for at Du åpenbarer Skriften for meg, så jeg kan komme nærmere Deg i kjennskap og igjen bli sterkere i min oppgave blant hedningene med tegn, under og mirakler. Amen.

9. Februar

Klargjøring for et åndelig liv med Herren

Du er skapt, formet, dannet og innblåst av Gud. Dette er menneskets utgangspunkt. Mennesket fikk da etter syndefallet en arvelig syndig natur. Den er i alle mennesker i dag. Når vi da blir født-på-ny, får vi en ny ren syndfri menneskeånd, med et innsegl (et pant) som viser at vi er født-på-ny og tilhører Guds rike: Innseglet er den Hellige Ånd. (Ef. 1, 13.14)

Dette skjer da etter en omvendelse til Kristus Jesus, som er bevisst Herre i våre liv. Videre tar vi imot en dåp i den Hellige Ånd. Nå får vi fylden av den Hellige Ånd, nå er det ikke lenger bare innseglet, pantet. Dette er den naturlige istandsettelse for et åndelig liv i den Hellige Ånd, med Jesus som Herre. Her er da starten på avleggelse av kjøttets gjerninger (Gal 5, 16-24) og «ikleding» av Åndens frukter. (Gal 5, 22)

Daglig gjennombrudd

Jesus tok Sin rett i ånden

"Jesus gikk omkring i hele Galilea og lærte folket i deres synagoger, og forkynte evangeliet om riket og helbredet all sykdom og all skrøpelighet blant folket." (Matt 4, 23)

"Han, Jesus som ble åpenbart i kjøtt, rettferdiggjort (tok Sin rett, gresk) i ånd." (1 Tim 3, 16)

Som Jesus gjorde kan vi gjøre

"Jesus Kristus er i dag, i går den samme, ja til evig tid,

La dere derfor ikke føre på avveie med andre og fremmede lærdommer." (Heb 13, 8-9)

Takk Far

At Du åpenbarer disse dype hemmelighetene, så jeg kan vokse til modenhet i Kristus, og bli den tjener som Bibelen sier jeg kan være. Amen.

10. Februar

Tok Sin rett i ånden

"Ved tro skal den rettferdige leve."
(Gal 3, 11)

Rettferdiggjort i Kristus Jesus
Når du har blitt født-på-ny og døpt i den Hellige Ånd, og du lever målbevisst for Jesus og søker Ham hver en dag: Da sier Bibelen at:

"Av barns og diebarns munn har Du grunnfestet en makt for Dine motstanderes skyld, for å stoppe munnen på fienden og den hevngjerrige." (Salme 8, 3)

Ved en målbevisst søken etter Herrens herlighet og kraft
Med en målrettet sterk tro på at du er rettferdiggjort i Kristus Jesus, igjennom Hans forsoningsverk for deg personlig på Golgata kors - vil du komme i en åndelig posisjon.

Daglig gjennombrudd

Miraklene skjedde uten tall

"Og de alle åt og ble mette; og de tok opp det som ble til overs av stykkene, tolv kurver fulle.

Men de som hadde spist, var omkring fem tusen menn foruten kvinner og barn.

Og straks nødde Han Sine disipler til å gå i båten og sette over til den andre siden før Ham, inntil Han hadde latt folket fare.

Jesus gikk opp i fjellet for å be

Og da Han hadde latt folke fare, gikk Han avsides opp i fjellet for å be; og da det var blitt aften, var Han der alene.

Kjære Jesus

Jeg takker Deg for at Du lærer meg Din måte å forholde meg til den åndelige verden på. Takk at Du vil lede mitt liv nærmere Deg. Amen.

Daglig gjennombrudd

11. Februar

Da disiplene var i vanskeligheter på sjøen, kom Jesus vandrende på sjøen

Men båten var alt midt ute på sjøen og arbeidet hardt imot bølgene, for vinden var imot.

Men i den fjerde nattevakt kom Han til dem, vandrende på sjøen.

Da Jesus steg i båten, la vinden seg.

Da de kom til andre siden av sjøen, kom alle som hadde ondt og ba om å få røre ved det ytterste av Hans kledebånd; og alle dem som rørte ved Ham, ble helbredet." (Matt 14, 20-25. 32.36)

Kan du se det? Etter en stor mirakuløs hendelse, gikk Jesus for å søke Gud, Sin Far, alene på fjellet. Like etter var en utfordring foran Ham, som kuliminerte med at Jesus steg inn i båten på den stormfulle sjøen - og sjøen la seg ned rolig.

Daglig gjennombrudd

Krig i ånden i dag

Her ser vi Jesus kjempet kampen i det fysiske - og vant seieren i det åndelige. Så gikk Han opp på fjellet og ba til Sin Far i ånden - og vant seier i det fysiske.

Videre ser vi at da de kom til den andre siden av sjøen, samlet de syke seg og Han helbredet dem alle. Ser du krigen i ånden? Det er det Jesus sier til disiplene i Markus 16, 15.

Kosmos

"Jesus sa til disiplene: Gå ut i all verden, (ut i ånden, evighetens evighet kosmos) og forkynn evangeliet for all skapningen."
(Mark 16, 15)

Fra gresk: Bringe, komme, følge, orden, system, harmoni, universet, **verden**, åndens verden, for alltid, viske ut tid i minnet (fortid og fremtid, i praksis er dette evigheten), tid og evighet. Ikke begrenset til det nåværende. Ser du storheten i Guds skaperverk, som vi er en vital del av?

Det samme har jeg opplevd verden over

Det er nøyaktig den samme måte som Jesus opplevde og gjorde tingene på, som jeg også har opplevd i alle år. Det er slik

Daglig gjennombrudd

Bibelen sier det skal være. Jeg har kommet fra møter i en by med mye helbredelser og utfrielser. Mennesker satt fri under felles bønn, ved salveduker, ved å komme frem mens jeg taler og ta på skoene mine - og bli øyeblikkelig helbredet. På kvelden etter møtene: I ro sammen med Herren, før neste møte i neste by dagen etter - det samme skjer igjen og igjen. Når vi følger Herren, følger Han oss.

Kjære Far
Takk at jeg kan få være en del av denne storhet. Takk at jeg har blitt gitt alle muligheter av Deg, til å bli den delen av Ditt legeme som Du har ment jeg kan bli hvis - jeg vil. Kjære Gud, jeg vil av hele mitt hjerte. Takk for lærdommen, og formingen av meg Du gjør. Jeg begynner å forstå det er uante dybder i Deg. Jeg vil være med på alt Du leder meg inn i gjennom Ditt Ord. Amen.

Daglig gjennombrudd

Daglig gjennombrudd

12 Februar

Kommunikasjon i åndens verden

Alt Gud gjør er enkelt. Alt er lagt på det planet Han har skapt oss til å fungere på.

"La dette sinn være i dere, som også var i Jesus Kristus. Han, som da Han var i Guds skikkelse, ikke aktet det for et rov å være Gud lik, men av Seg selv ga avkall på det og tok en tjeners skikkelse på Seg, idet Han kom i menneskers lignelse." (Fil 2, 5-7)

"Jeg vil opplate min munn med tankespråk." (Salme 78, 2)

"Vi har Kristi sinn." (1 Kor 2, 10-16)
Les alle versene.

Åndens verden og den fysiske verden har mange likheter.

Den fysiske verden: Du ser en ting en gang i livet, det dine sanser registrerte den gangen, er med deg hele livet.

Daglig gjennombrudd

Den åndelige verden: I bønn, se deg selv i bønn. Gå ut av det fysiske og ut i ånden i bønn, tilnærming. For å lytte. Forestill deg dette, tro dette, ikke tvil. Her kommer kampen hvor du må beseire tvilen med ditt viljeliv. Ingen kan gjøre det for deg. Tro det som kommer til deg, se det for deg. Se og hør Guds tanker til deg. De blir levende, de blir åpenbart. Vi samarbeider med Gud i ånden, på Hans premisser. Eller vi lar oss bli manipulert av Satans tanker. Her er du i skole.

Kjære Fader Dette virker nesten skremmende, men jeg vil ikke frykte, jeg vil tro. Takk at Du er med hele veien. Amen.

Daglig gjennombrudd

13. Februar

Troen styrkes

"Forat deres prøvede tro, som er meget kosteligere enn det forgjengelige gull, som dog prøves med ild, må finnes til lov og pris og ære i Jesu Kristi åpenbarelse."
(1 Peter 1, 7)

"For vi har ikke en yppersteprest som ikke kan ha medynk med våre skrøpeligheter, men en som er blitt prøvd i alt i likhet med oss, dog uten synd. La oss derfor tre fram med frimodighet for nådens trone, for at vi kan få miskunn og finne nåde til hjelp i rett tid." *(Heb 4, 15-16)*

Saken er ikke hvor mye vi lider – men hvordan vi lider

Når du begynner å **leve** det skrevne Guds Ord, ut i praksis, vil prøvelser komme. Du kan ha bedt for 1000 syke til helbredelse, og så er du syk selv. Da kan man føle seg urettferdig behandlet. Ethvert liv som leves, har sine lidelser. Men det er opp til oss selv, om lidelsen skal bli en forbannelse, eller om det kan bli en velsignelse.

Daglig gjennombrudd

Det er avhengig av om vi vil "kjempe" gjennom til seier.

"Jeg formår alt i Ham som gjør meg sterk."
(Fil 4, 12)

Kjære Far
Jeg forstår at prøvelser vil komme i mitt liv, når jeg tar Ditt Ord på alvor. Jeg vet at min tro vil bli prøvet, for å se om den holder. Jeg vil stå på Ditt Ord uansett hva prøvelser som måtte komme. Jeg vet at Du hjelper meg igjennom prøvelsene, og min tro vil bli styrket. Amen.

14. Februar

Ordet forvandler

"Jeg formaner dere altså, brødre, ved Guds miskunn at dere fremstiller deres legemer som et levende, hellig, Gud velbehagelig offer - dette er deres åndelige gudstjeneste. Og skikk dere ikke lik med denne verden, men **bli forvandlet ved fornyelsen av deres sinn,** så dere kan prøve hva som er Guds vilje: Det gode og velbehagelige og fullkomne!
For ved den nåde som er meg gitt, sier jeg til enhver iblant dere, at han ikke skal tenke høyere enn han bør tenke, men tenke så at han tenker sindig, alt etter som Gud har tilmålt enhver hans mål av tro."
(Rom 12, 1-3)

Ordet som forvandlet Stefanus (Apg 7, 54-60)

"Men da de hørte Stefanus vitnesbyrd, stakk det dem i hjertet, og de skar tenner imot ham. Men han var full av den Hellige Ånd og skuet ufravendt opp mot himmelen, og

Daglig gjennombrudd

han så Guds herlighet, og Jesus stå ved Guds høyre hånd." (Apg 7, 54 55)

"Dersom dere blir i Meg, og Mine Ord blir i dere, da be om hva dere vil, og dere skal få det." (Joh 15, 7)

Takk Far
At Ditt liv i meg, gjennom Ditt Ord, Bibelen, vil gjøre meg lik Deg, hvis jeg bare er villig. Takk at Du alltid står med meg. Jeg vil at Ditt Ord forvandler meg til å bli mer og mer lik Deg. Amen.

15. Februar

Leve i Ordet - handle på Ordet

Utøv troen - bruk troen - bruk våpnene

Skjoldet

"Og grip foruten alt dette troens skjold, hvormed dere skal kunne slukke alle den ondes brennende piler." (Ef 6, 18)

Sverdet

"For Guds Ord er levende og kraftig, og skarpere enn noe tveegget sverd."
(Heb 4, 12)

Resultatet ved bruk i tro

"For våre stridsvåpen er ikke kjødelige, men mektige for Gud til å omstyrte festningsverker. Idet vi omstyrter tankebygninger og enhver høyde som reiser seg mot kunnskapen om Gud, og tar enhver tanke til fange under lydigheten mot Kristus." (2 Kor 10, 4-5)

Daglig gjennombrudd

Ved å leve i Ordet og tro/handle på Ordet, er seieren vår i Jesu navn.

Kjære Far
Jeg takker Deg for de voldsomme mulighetene mitt liv får i Deg, hvis jeg bare lar Deg bli Herre på ethvert område. Takk at du støtter meg, i min vandring med Deg. Det er ingenting annet jeg ønsker enn å tjene Deg. Amen.

16. Februar

Troens stahet

Når det skrevne Guds Ord, blir levendegjort igjennom åpenbaring i deg - da tror du det uten tvil. Da vil den Hellige Ånds kraft bli forløst igjennom deg, ved din "troens stahet". Du er sta på den måten at "du vet".

"Du har en full visshet om det som håpes, en overbevisning om ting som ikke ses."
(Heb 11, 1)

For hver gang du ikke går på kompromiss med din tro, men står stødig "sta", herdes din tro. Som stål herdes, herdes din tro omfavnet i Guds kjærlighet.

Åndens frukter modnes i prøvelsen/lidelsesprosessen

"Åndens frukt er kjærlighet, glede, fred, langmodighet, mildhet, godhet, trofasthet, saktmodighet, avholdenhet." *(Gal 5, 22)*

Dette er ikke noe vi kan lese oss til, dette må fødes i lidelsen. Hør hva Paulus sa i sitt brev til filipenserne om denne saken.

Daglig gjennombrudd

"Så jeg kan få kjenne Ham og kraften av Hans oppstandelse og samfunnet med Hans lidelser, idet jeg blir gjort lik med Ham i Hans død." (Fil 3, 10)

Kjære Far
Jeg ser det er en hard vei, men det er veien. Du er jo veien, sannheten og livet. Derfor er det ingen annen vei å gå. Så jeg går den i tro og tillit til Deg. Amen.

17. Februar

Endetidens troskvalitet

"Og det var en enke der i byen, og hun kom til dommeren og sa: Hjelp meg til å få rett over min motstander!
Jeg vil dog hjelpe denne enke til å få rett fordi hun gjør meg uleilighet, så hun ikke til slutt skal komme og legge hånd på meg.

Og Herren sa: Hør hva den urettferdige dommer sier!
Men skulle da ikke Gud hjelpe Sine utvalgte til deres rett, dem som roper til Ham dag og natt, og er Han sein når det gjelder dem? Jeg sier dere at Han skal skynde Seg å hjelpe dem til deres rett. Men når Menneskesønnen kommer, mon Han da vil finne troen på jorden?" (Luk 18, 3.5-8)

Troen som ikke tar et nei for et nei

Dette var en lignelse Jesus fortalte, men med en dyp sannhet. Enken viste en tro som ikke tok et nei for et nei.

Vi leser videre i 1 Timoteus:

"Han, Jesus, som ble åpenbart i kjøtt, rettferdiggjort, tok Sin rett i ånden (gresk)." (1 Tim 3, 16)

Vi ser det samme med Jesus, der Han gir Sitt liv for menneskeheten, Jesus "tok Sin rett i ånden". Han tok ikke et nei for et nei.

Ta heller ikke du et nei for et nei - ha endetidens troskvalitet

"Jesus sa: Alt er mulig for den som tror." (Mark 9, 23)

Ta ikke et nei for et nei.

Jesus ved Lasarus grav

"Jesus sa: Lasarus kom ut! Da kom den døde ut av graven." (Joh 11, 35 -44)

Jesus tok ikke et nei for et nei.

Vær en troende med endetidens troskvalitet

Daglig gjennombrudd

Kjære Far
Takk for at dette er mulig for meg. Jeg vil være en med den troens kvalitet når Du kommer igjen. Takk for at Du veileder meg i min vandring, til å få denne kvaliteten i mitt liv. Amen.

Daglig gjennombrudd

Daglig gjennombrudd

18. Februar

Alltid "bevisst" til stede i deg selv som en troende

Alltid bevisst til stede i deg selv som en troende av Jesus Kristus, Guds levende Sønn. Dette er en kraftig og sann uttalelse som ryster.

"Evangeliet er en Guds kraft til frelse for hver den som tror." (Rom 1, 16)

Satan er for deg "bevisst", evig beseiret - og under deg
Du godtar ingenting annet enn Guds Ord og dets løfter.

"Han avvæpnet maktene og myndighetene og stilte dem åpenlyst til skue, idet Han viste Seg som seiersherre over dem på korset." (Koll 2, 15)

"Han, Jesus, visste at Skriften var fullbrakt." (Joh 19, 28-30)

Dertil er Guds Sønn åpenbart, at Han skal gjøre ende på djevelens gjerninger." (1 Joh 3, 8)

Daglig gjennombrudd

De seiret over ham, Satan, i kraft av lammets blod og det Ord de vitner, og de hadde ikke sitt liv kjært like til døden." (Åp 12, 12)

Godta Ordet, selv om sansene ikke registrerer det

"Så som vi ikke har det synlige for øyet, men det usynlige..." (2 Kor 4, 18)

For å stå sterkt med endetidens troskvalitet, må det være rett prioritet i alt
Du må vite hvem du er i Kristus.
Du å vite hva du er i Kristus.
Du må vite hvilke oppgaver og mål du har i Kristus.

Du må ha en bevissthet med tyngde

*"Paulus sa: Og min tale og min forkynnelse var ikke med visdoms overtalende ord, men med **ånds og krafts bevis.**
For at deres tro ikke skulle være grunnet på menneskers visdom, men på Guds kraft."
(1 Kor 2, 4-5)*

Du ser, Paulus var bevisst tilstede i sin tro på Kristus, det må du også være for å ha en endetidens troskvalitet.

Daglig gjennombrudd

Kjære Fader
Kan jeg bli så sterk som en kristen? Ja, du kan det Mitt barn, Jeg har lagt alt til rette for at akkurat du skal klare det. Det er en tornefull vei, men det er selve veien. Jeg vet du kan gå den og nå fram til målet. - Da vil jeg gå den veien. Amen.

Daglig gjennombrudd

19. Februar
Hva jeg virkelig tror I

Lys over forsoningen

"*At vår Herre Jesu Kristi Gud, herlighetens Fader, måtte gi dere visdoms og åpenbarings Ånd til kunnskap (visdom og åpenbarings kunnskap) om Seg.*

Og gi deres hjerte opplyste øyne, så dere kan forstå hvilket håp det er Han har kalt dere til, og hvor rik på herlighet Hans arv er iblant de hellige.

Lys over seieren og til hvem seieren var
Og hvor overvettes (over vår forstand) stor Hans makt er for oss som tror, etter virksomheten av Hans veldige kraft, som Han viste på Kristus da Han oppvakte Ham ifra de døde og satte Ham ved Sin høyre hånd i himmelen.

Over enhver makt og myndighet og velde og herredom og ethvert navn som nevnes, ikke bare i denne verden, men også i den kommende.

Daglig gjennombrudd

Satan og demonene under våre føtter
Og Han la alt under Hans føtter og ga Ham som hode over alle ting til menigheten (ecclesia, de som samles og møtes på torgene)." (Ef 1, 17-23)

Liv i overflod

"Liv og liv i overflod." (Joh 10, 10)

Det er fullbrakt

"Men Han er såret for våre overtredelser, knust for våre misgjerninger, straffen lå på Ham, for at vi skulle ha fred, og ved Hans sår har vi fått legedom." (Jes 53, 5)

"For at det skulle oppfylles som er talt ved profeten Jesaja, som sier: Han tok våre skrøpeligheter på Seg og bar våre sykdommer." (Matt 8, 17)

"Da Jesus hadde fått eddiken sa Han: Det er fullbrakt. Og Han bøyde Sitt hode og oppga Sin ånd." (Joh 19, 30)

Kjære Far
Jeg tror dette av hele mitt hjerte, for alltid.
Takk Jesus at Du gjorde dette for meg.
Amen.

Daglig gjennombrudd

20. Februar
Hva jeg virkelig tror II

Jeg tror det

"Men uten tro er det umulig å tekkes Gud." (Heb 11,6)

"Dette er Hans bud, at vi skal tro på Hans Sønn Jesu Kristi navn." (1 Joh 3, 23)

"Men disse er skrevet for at dere skal tro." (Joh 20, 31)

"Alle dem som tok imot Ham, ga Han kraft/rett til å bli Guds barn, de som tror på Hans navn." (Joh 1, 12)

Fred med Gud ved troen

"Da vi nå altså er rettferdiggjort av troen, har vi fred med Gud ved vår Herre Jesus Kristus." (Rom 5, 1)

Dette som nå er nevnt, er det som vil gi deg fred.

Daglig gjennombrudd

Sannheten gjør noe med deg.
Den beskytter ditt hjerte.
Jeg tror på Guds fred. Jeg tror på Guds kraft.
Jeg tror på den Hellige Ånd og ild 24/7.

Har du ikke den fulle forståelse/åpenbaring over dette, vil du forbli en vippebrett-kristen som ikke har noe fast holdepunkt. Karismatiske menigheter leter fremdeles etter kraften. Vi har kraften.

Kjære Far
Ja, det er akkurat dette jeg tror, og jeg tror det for evig. Takk for at Du gjorde alt for meg personlig. Amen.

Daglig gjennombrudd

21. Februar
Hva jeg virkelig tror III

Å vitne om Jesus, uten å ha en tro på den iboende Hellige Ånds kraft som en troende, bringer en hjelpeløshet fram i vitnesbyrdet. Det blir bare fraser med teologiske ord, som det ikke er noe kraft i. Det er det ingen som er interessert i å høre på.

Vi må ha vitnekraften - kommunikasjonskraften
Har vi kommunikasjonskraften/vitnekraften med oss, kommer vi alltid ut som vinnere. Alle vil se at vi har en Kristus som er stor for oss som tror.

Verden vil følge dem som tror
Dette har jeg opplevd over hele verden. Når mennesker opplever **kraften** i deg og gjennom deg, til dem som er rundt deg, så kommer de. **De vil ha det du har.**

Pakistan-underet
Møtet var ferdig for kvelden, det hadde vært flere tusen til stede. Mange var blitt frelst, helbredet og satt fri fra demoner. Da jeg kom til den store porten som ledet ut av det

Daglig gjennombrudd

store møteområdet, satt det en mann der som var lam i beina. Da tenkte jeg straks på den lamme ved den fagre tempeldør i apostlenes gjerninger. Jeg gikk bort til mannen og sa som Peter: «Sølv eller gull har jeg ikke, men det jeg har gir jeg deg». Så tok jeg mannen i hånden som Peter gjorde og sa: «I Jesu Kristi navn - stå opp og gå». Mannen reiste seg opp mens jeg holdt ham i hånden - og han gikk. Mannen var blitt helbredet gjennom den Hellige Ånds kraft, i Jesu navn.

"Jesus sa: Dere skal få kraft i det den Hellige Ånd kommer over dere."
(Apg 1, 8)

Mitt vitnesbyrd er kraften
"Min tale og min forkynnelse var ikke med visdoms overtalende ord, men med **Ånds og krafts bevis.**" (1 Kor 2, 4)

Kjære Gud Fader
Jeg ser hvor grensesprengende Din allmakt er, og Du har gjort alt tilgjengelig for meg. Jeg vil søke det, ta det imot og gå veien, for å få det som en virkelighet i mitt liv. Takk at Du går med meg på veien, min kjære Far i himmelen. Amen.

22. Februar
Frihet

Holde fast på sannhetens Ord

"Til frihet har Kristus frigjort oss; stå derfor fast, og la dere ikke igjen legge under trelldoms åk! Se jeg, Paulus, sier dere at dersom dere lar dere omskjære, så vil Kristus intet gagne dere." (Gal 5, 1-2)

Da står vi i seieren

"Men fredens Gud skal i hast knuse Satan under deres føtter. Vår Herre Jesu Kristi nåde være med dere!" (Rom 16, 20)

Han er vår fred

"For Han er vår fred, Han som gjorde de to til ett og nedrev gjerdets skillevegg, fiendskapet." (Ef 2, 14)

"Og ombundet på føttene med den ferdighet til kamp som fredens evangelium gir." (Ef 6, 15)

Daglig gjennombrudd

Seieren er i Kristus

"For det glade budskap er også forkynt oss, likesom for dere, men det Ordet de hørte, ble dem til ingen nytte, fordi det ikke ved troen var smeltet sammen med dem som hørte det. For vi går inn til hvilen, vi som er kommet til troen." (Heb 4, 2-3)

Troen på Ordet gir fred.
Fred gir frihet.
Frihet gir seier.
Seieren er i Kristus.
Kristus vant seieren for deg.
Fredens frihet gir seier i Kristus, for deg.

Kjære Far

Takk for dette overveldende rike liv, glede og seier jeg har i Ditt fullbrakte verk på Golgata kors. Jeg vil leve i denne fyldens seier hele mitt liv, takk at Du er med meg så jeg klarer det. Amen.

23. Februar

Aksepter

Aksepter syndsforlatelse - og du får fred

"I hvem vi har forløsningen ved Hans blod, syndenes forlatelse, etter Hans nådes rikdom." (Ef 1, 7)

Aksepter helbredelse og du får fred

"Men Han er såret for våre overtredelser, knust for våre misgjerninger; straffen lå på Ham, for at vi skulle ha fred, og ved Hans sår har vi fått legedom." (Jes 53, 4-5)

"For at det skulle oppfylles som er talt ved profeten Jesaja, som sier: Han tok våre skrøpeligheter på Seg og bar våre sykdommer." (Matt 8,17)

Aksepter frihet fra demoner og du får fred

"Da det var blitt aften, førte de til Ham mange besatte, og Han drev ut åndene med et Ord, og alle dem som hadde ondt, helbredet Han." (Matt 8, 16)

Daglig gjennombrudd

"Og de seiret over ham, Satan, i kraft av lammets blod og de Ord de vitnet; og de hadde ikke sitt liv kjært, like til døden."
(Åp 12, 11)

Aksepter fredens evangelium - og du får fred

"Og ombundet på føttene med den ferdighet til kamp som fredens evangelium gir." *(Ef 6, 16)*

Kjære Far

Jeg takker Deg Far, for den fred som er gjort klar igjennom Ditt frelsesverk på Golgata. Jeg ønsker å leve i den fred, som er Din fred, så lenge jeg er til på jorden.
Amen.

24. Februar

Enok vandret med Gud

"Og Enok vandret med Gud; så ble han borte, for Gud tok ham til seg."
(1 Mos 5, 24)

Det er ikke så mye det står skrevet om Enok, men det lille som står sier mye. Vi går til grunnteksten og ser: Hva sier den hebraiske grunntekst i denne sammenheng om ordet "vandre"?

Vandre
«Vandre» betyr som følger: Opp og ned, inn og ut, fram og tilbake, arm i arm, hele tiden i samtale og vokse seg nærmere.

En ny type troende
Enok vandret med Gud hver dag i 365 år. Han opparbeidet et fellesskap og en kjennskap til Gud som ingen andre har opparbeidet. Vi har også muligheten i vår tid til fellesskap med Gud, dog ikke 365 år. Men vi har allikevel muligheten til å få et nært, intimt kjennskapsforhold til Gud, som gjør oss til en ny type troende i vår tid - de endetids troende.

Daglig gjennombrudd

Herren var Enoks liv i så stor grad... at han ikke fikk se døden

"Ved tro ble Enok bortrykket, så han ikke skulle se døden, og han ble ikke funnet, fordi Gud hadde bortrykket ham. For før han ble bortrykket, fikk han det vitnesbyrd at han tektes Gud." (Heb 11, 6)

Ingen vet hva som kan skje med våre liv heller, hvis vi lever nærme nok Gud til å tekkes Ham.

Kjære Far

Jeg vet at jeg er like spesiell for Deg, som Enok og alle andre var og er. Da forstår jeg at mulighetene for meg også er lik alle andres muligheter innfor Deg. Far, la meg å bli den Du ønsker jeg skal være for Deg. Jeg tror at Du vil gå med meg i vandringen til målet er nådd - og etter det vil Du fortsatt vandre med meg. Amen.

25. Februar
En hellig vandring

De siste generasjoner i den vestlige verden, ser ikke ut til å være slik Gud ville ønsket dem. Slik det ser ut, er ikke Jesu gjenkomst en snar hendelse. Skal Jesus ha muligheten for en snar gjenkomst, må evangeliet ut til alle. Og skal de kristne få evangeliet ut til alle, starter det med å adlyde Jesu befaling. Skal de kristne adlyde Kristi befaling, så skjer det kun hvis de har et sant kjærlighetsforhold til Gud Fader og et ønske om å gjøre Hans vilje, som er en naturlig følge av et nært kjærlighetsforhold.

Det er ikke nok å synge, klappe og danse - vi må ha et nært forhold til vår Gud
Et nært, kjærlighetsfullt forhold til vår Gud, bygges opp gjennom å lære å kjenne Ham i år etter år. Hør på dette versets virkelighet:

"Og våkne opp igjen, av sin rus i djevelens snare, han som de er fanget av, så de må gjøre hans vilje." (Tim 2, 26)

Daglig gjennombrudd

Gi ditt hjerte til Jesus - din vilje til Satan
Dette er en skremmende kombinasjon. Det er ikke nok å delta i kristen populær aktivitet, hvis ikke **viljelivet ønsker** av hele hjertet å tjene Jesus og adlyde Ham.

"Så Han med saktmodighet viser dem til rette som sier imot, om Gud dog en gang ville gi dem omvendelse, så de kunne kjenne sannheten." (2 Tim 2, 25)

Hvis vi omvender oss av hele vårt hjerte, så vil Herren få oss inn på den rette veien igjen, så Hans vilje raskere kan bli en virkelighet.

Gud er avhengig av vår fulle lydighet mot Ham og Hans Ord, Bibelen.

Kjære Far
Jeg forstår det er et stort ansvar å si man er en kristen. Det krever vår ærlighet i det å følge Deg. Jeg ønsker å følge Deg av hele mitt hjerte. Jeg vil være ærlig i alle ting og følge Deg i tro til Ditt Ord, så jeg også kan være en del av å fremme Din tilbakekomst til jorden. Amen.

26. Februar

Vandre med Herren midt i stormen

"Ved tro ble Enok bortrykket."
(Heb 11, 5-6)

Rykkes bort fra Satans rekkevidde
Likhetene er mange, hvis vi vil leve i seier som kristne i dag. Skal vi leve i seier, må vi leve i Herrens nærhet som Enok gjorde. Vi må bokstavelig talt bli "rykket" bort fra Satans rekkevidde (om ikke fysisk enda), som Enok ble.

"Han som fridde oss ut av mørkets makt og "satte oss over" i Sin elskede Sønns rike."
(Koll 1, 13)

Det greske ordet for "sette oss over":
Det antydes i denne oversettelsen at Jesus personlig kommer og bærer oss fra Satans makt og setter oss på et himmelsk sted. Når det gjaldt Enok ble det en fysisk bortrykkelse, fra en fysisk verden under syndens herredømme. Dette var lenge før Jesu forsoningsverk. Vi får ikke en fysisk

Daglig gjennombrudd

bortrykkelse ved å leve våre liv overgitt til Kristus - ikke enda. Vi får derimot en åndelig "overføring", en åndelig "sette over".

Vi forandrer oss kun i Guds nærhet

*"Men vi blir **forvandlet ved fornyelsen av vårt sinn**, så vi kan prøve hva som er Guds vilje; det gode og velbehagelige og fullkomne."* (Rom 12, 2)

Til slutt skal vi se Ham åsyn til åsyn, vi er på vei som Jesu sanne disipler

Dere elskede! Nå er vi Guds barn, og det er ennå ikke åpenbart hva vi skal bli. Vi vet at når Han åpenbares, da skal vi bli Ham like; for vi skal se Ham som Han er." (1 Joh 3, 2)

La oss vandre med Gud som et fyrlys midt i livets storm.

Kjære elskede Far
Dette er et mål hele tiden å strekke seg etter. Det er ingenting viktigere i livet, enn å gjøre Din vilje, Gud Fader. Så la Din fullkomne vilje skje i mitt liv. Jeg vil adlyde Deg i alt Du viser meg i Ditt skrevne Ord. Amen.

Daglig gjennombrudd

27. Februar

Bevisst tilstedeværelse i livet som frelst

"Disse var det også Enok, den syvende fra Adam, spådde om da han sa: Se, Herren kommer med Sine mange tusen hellige for å holde dom over alle og refse alle de ugudelige for alle de ugudelige gjerninger som de gjorde, og for alle de harde ord som de talte mot Ham, de ugudelige syndere."
(Judas 14-15)

Hvordan kan vi hungre etter Jesus og samtidig hungre etter det ugudelige?
La oss se på verden som Enok så den. Var verden ugudelig den gang, er den mange ganger mer ugudelig i styrke og omfang nå. Hvordan kan vi hungre etter Jesus og samtidig være en bevisst del av den ugudelige satanisk styrte verden? Det er to verdener på planeten Jorden: Det er Satans ånds verden - og Guds Ånds verden. Vi må velge den ene fremfor den andre.

Daglig gjennombrudd

Hvis vi vandrer arm i arm med Gud

Hvis vi vandrer arm i arm med Gud, hvis vi sitter ned med Ham, lytter til Hans Ord til oss - da vil vi ikke lenger hungre etter det ugudelige. Vi vil derimot elske å være sammen med Gud Fader hver en dag. Vi vil ta Guds parti når det tales imot Ham. Legg merke til dette verset:

"Den som vil være verdens venn, han blir Guds fiende." (Jak 4, 4)

Ja, så sort/hvitt er det. Du kan ikke vandre i ro og mak i begge leire. Du må velge side. Men velg klokt.

Kjære Fader

Jeg er så glad mine øyne åpnes, så jeg kan se og forstå alvoret i det å være en kristen. Slik at jeg kan være mer bevisst enn noen gang i mitt forhold til Deg. Jeg vil leve hele mitt liv for Deg. Takk at Du vil lede meg gjennom Ditt Ord. Amen.

28 Februar

Forvandlet i sitt indre

"Enok vandret med Gud, så ble han borte."
(1 Mos 5, 24)

Uttrykket "så ble han borte"
"Så ble han borte". Dette uttrykket har også en dypere betydning. Enok var ikke av denne verden i sin ånd. Han levde fysisk i 365 år, men hans ånd var ikke av denne verden. Hans ånd levde i fellesskapet med Gud og gjorde at Enoks adferd var annerledes enn andre mennesker. Enok var annerledes-mannen.

På samme måte er det med oss i dag som gjenfødte også. Lever vi våre liv overgitt til Kristus, vil mennesker i alle ugudelige sammenhenger oppdage at vi er annerledes-menneskene.
Jo mer vi vandrer nær til Gud og med daglige samtaler med Ham, jo mindre bundet blir vi til den nåværende verden. Denne nåværende verden er styrt av Satans tanker i det aller meste. Men midt opp i denne mørke verden, lyser vi som det gjenfødte annerledes-folket.

Daglig gjennombrudd

Vi som er her kun av en årsak: Nemlig å få evangeliet om Jesus Kristus ut til alle som ikke har hørt det, så Jesus kan komme tilbake.

I likhet med Paulus, døde han hver dag

"For meg er livet Kristus og døden en vinning; Men dersom det å leve i kjøttet gir meg frukt av min gjerning, så vet jeg ikke hva jeg skal velge, men står rådvill mellom de to ting, idet jeg har lyst til å fare herfra og være med Kristus, for dette er meget, meget bedre." (Fil 1, 21-22)

I likhet med Paulus, døde Enok hver dag vekk fra det jordiske livet. Ingenting kunne hindre Enok og Paulus i å vandre med Gud. Ingenting behøver hindre oss fra det heller.

Kjære himmelske Fader
Jeg takker Deg for at jeg er Ditt barn og at jeg kan leve i Din nærhet hver en dag. Jeg ønsker å komme nærmere Deg. Det er det jeg vil gi alt for å klare. Takk at Du er med meg på hele min vandring, til et enda nærmere forhold til Deg. Amen.

Mars

Innhold

Den troen Gud elsker	185
Jesus er Ordet	189
Vi lever i 2 verdener samtidig	191
Nødvendigheter for et liv i den tredje og den fjerde dimensjon	195
Bønn	197
Dagens åndelige situasjon	201
Det er en ny dag - i tiden	205
En urokkelig tro	207
Prinsipp for åndelig ledelse i den fysiske verden	209
Forutsetninger for Guds ledelse	213
Praktiske forklaringer	215
Den harde kampen	217
Du må tro det - du blir en troens gigant	219
Jobb nr 1	221
Berør verdens hjerter	223
Et vitne I	225
Et vitne II	227
Ånden har landet	231
Pinsefestens dag hadde kommet	233

Daglig gjennombrudd

Satan kopierer så godt han kan alt Gud gjør	235
Åndelig krigføring	239
Forestillinger om forbønn som står imot frelsens sannheter	243
De kristnes hovedoppgave er å vitne	247
Kristi fiender er hørere, og gjør etter Satans tanker	249
Frontevangelisering som bryter grenser I	253
Frontevangelisering som bryter grenser II	255
Proklamere Guds forløsningskraft inn i menneskeheten	257
Jeg tror på mirakler I	259
Jeg tror på mirakler II	261
Jeg tror på mirakler III	263
Jeg tror på mirakler IV	267

Daglig gjennombrudd

1. Mars

Den troen Gud elsker

Hva gjorde at Gud hadde behag i Enok? Enoks vandring med Gud, frambrakte i ham den troen som Gud elsker.

"Ved tro ble Enok bortrykket, så han ikke skulle se døden, og han ble ikke funnet, fordi Gud hadde bortrykket ham. For før han ble bortrykket, fikk han det vitnesbyrd at han tektes Gud.
Men uten tro er det umulig å tekkes Gud; for den som trer frem for Gud, må tro Han er til, og at Han lønner dem som søker Ham." (Heb 11, 5-6)

De som vandret nære Gud, utviklet en tro som åpnet dørene til det umulige

Disse to versene kan ikke skilles. Hele Bibelen viser, ja, hele menneskehetens historie viser: De som vandret nære Gud, utviklet en dyp klippefast tro, en urokkelig tro, en tro som åpner dørene til det umulige.

Kristne stormer til "tros-seminarer", siterer andres opplevelser, ser på alt mulig forskjellig av forkynnelse på Youtube. De

Daglig gjennombrudd

prøver å skape en tro i sitt eget liv, igjennom andres opplevelser og kunnskap. La oss ta en titt på Romerbrevet:

"Så kommer da troen av forkynnelsen, og forkynnelsen ved Kristi Ord." (Rom 10, 17)

«Logos» eller Kristi «rhema»?

Her i dette vers har mange misforståelser dukket opp. Man har ikke sett hva man har lest. Dette verset blir tatt i bruk på følgende måte:

Forkynnelsen av Guds Ords «logos»
«Hører du nok forkynnelse av Guds Ord (Bibelen), så blir din tro sterk». Det er feil. Det er kun «logos» (det skrevne Guds Ord), sansekunnskap du får, altså teologi.

Forkynnelsen ved Kristi Ord
«Rhema» er det åpenbarte Guds Ord. Det er det personlige, nære forholdet og søken etter Kristus, som vil gjøre at Kristi Ord kommer til deg i dine studier av Bibelens «logos». Da vil Guds åpenbaringer i Skriften komme din vei. Dette er høyst personlig. Det er deg og Guddommen alene. Gud Fader, Sønnen og den Hellige Ånd. **De personlige åpenbaringer av Bibelens Ord, gjør deg sterk i troen.**

Daglig gjennombrudd

Kjære Gud Fader
Jeg takker Deg for at Du leder meg skritt for skritt inn i Din herlighet i den åndelige verden. Takk for at jeg kan få gripe i dag, det andre har grepet før meg i fellesskapet med Deg. Amen.

Daglig gjennombrudd

2. Mars

Jesus er Ordet

Uten et nært fellesskap med Jesus, vil studier i Skriften kun skape en forståelse ut ifra dine menneskelige referanserammer. Det vil være den kunnskap du sitter inne med menneskelig sett, som vil gi deg forståelsen av Bibelens Ord. Du veier og måler alt opp imot den kunnskap du har mottatt, gjennom dine sanser. Bibelen blir ingen levende bok for deg. Det blir kun teologi. Du vil kun la den lage egoistiske referanser til ditt liv. Du gjør Bibelen til en bok som passer inn i din situasjon. Dette gjør du nok uten å ville gjøre.

Troen kommer av å høre og adlyde Ordet - da er det Kristi Ord til deg
Ved at du fyller deg med det skrevne Guds Ord, samtidig som du lever et nært forhold til Jesus, vil den Hellige Ånd åpenbare Skriften for deg helt personlig. Det er Kristi Ord - «rhema», åpenbaringen av Ordet - som kommer til deg.
Bare prat, uten et nært personlig forhold til Kristus, skaper ingenting.

Daglig gjennombrudd

Hold deg nær til Kristus, da åpnes døren til hele Guddommen for deg

Hold deg nær til Kristus i bønnen og gjennom å adlyde det skrevne Guds Ord, Jehovas Ord.

"Idet vi ser på troens opphavsmann og fullender, Jesus, Han som for den glede som ventet Ham, led tålmodig korset, uten å akte vanæren, og nå sitter på høyre side av Guds trone." (Heb 12, 2)

Du trenger ikke 10 punkter for å vandre i Guds nærhet

Du trenger ikke 10 punkter for å bygge sterk tro. Du trenger å vandre nær troens opphavsmann og fullender, Jesus Kristus. Da kommer den troen som åpner de umulige dørene.

Kjære Gud Fader

Jeg takker Deg, Gud. Jeg kjenner Din åpenbaringskunnskap komme til meg, når jeg studerer disse "Daglige gjennombrudd" i bønn til Deg. Takk for at det jeg ikke trodde var mulig for meg, er mulig. Det kommer til meg nå. Amen.

3. Mars

Vi lever i 2 verdener samtidig

Ca 90 km rett ut i retning "stjernehimmelen", strekker vår atmosfære seg. Der går skillet ut i universet.

De 2 åndeverdener
Innenfor vår atmosfære rundt hele planeten Tellus, Jorden, er det 2 åndeverdener.

Den fjerde dimensjon
Den ene åndeverdenen er Guds Ånd, den Hellige Ånds åndeverden.
Den andre er Satan og demonenes åndeverden.
Her styres alt av ånd og åndens type av sanseapparat.
Satan og demoner er skapt i ånd, og lever derfor i den åndelige verden.

Den tredje dimensjon
Nede på planeten Tellus lever menneskeheten i den fysiske, materielle verden.
Mennesket er skapt av samme materie som det er i bakken. På hebraisk heter materien

Daglig gjennombrudd

på bakken som vi kaller jord: «Adama».
«Adama» betyr fra hebraisk «rød jord».
Menneskets legeme er **formet** (Adam) - og
bygget av Adams kjøtt og bein (Eva). Vi
har fem sanser som gir oss kontakt med
planeten og det skapte på planeten.
**Mennesket er satt sammen av det
jordiske og søker derfor til det jordiske.**

**Den åndelige verden søker kontakt med
den fysiske verden, og den fysiske verden
søker kontakt med den åndelige verden**
Alt som er skapt, lever evig. Det betyr at
Satan og demonene lever evig, og
menneskets ånd og sjel lever evig. Alt som
er skapt må ha et evig tilholdssted.

**For Satan og demonene er det
fortapelsen**
Dette leser vi i Johannes Åpenbaring 20, 10.

**De gjenfødte får sitt evige tilholdssted i
himmelen**
Dette ser vi i Johannes Åpenbaring 21. Les
hele kapitlet. Se spesielt på versene 3-
4.7.27, og kapittel 22,27.

Daglig gjennombrudd

Klargjøring

Jeg ville i dag gi dere litt klargjøring i virkelighetene rundt oss. Dette vil også gjøre det enklere å forstå, alt jeg tidligere har skrevet til dere og det jeg videre skriver.

Takk kjære Gud Fader

At Du åpner Bibelen for meg på en sterkere og lettere forståelig måte igjennom Din åpenbaring til meg personlig. Jeg ser det som en ære å få oppleve dette. Amen.

Daglig gjennombrudd

4. Mars

Nødvendigheten for et liv i den tredje og den fjerde dimensjon

Omvend deg og bli født på ny

Omvendelsens nødvendighet

"Jesus sa: Omvend dere, tiden er fullkommen, og Guds rike er kommet nær, omvend dere og tro evangeliet."
(Mark 1, 15)

"Paulus sa: Vandre i Ånden, så skal dere ikke fullbyrde kjøttets begjæringer. For kjøttet begjærer imot Ånden, og Ånden imot kjøttet, de står hverandre imot, så dere ikke skal gjøre det dere vil."

(Les til og med v 21, så får du med kjøttets gjerninger).
V22 Men Åndens frukt er kjærlighet, glede, fred, langmodighet, mildhet, godhet, trofasthet, saktmodighet, avholdenhet. Mot slike er loven ikke. (Gal 5, 16-23)

Daglig gjennombrudd

Kjøttet går mot det jordiske - det åndelige går mot det åndelige

Dette er årsaken til og nødvendigheten av omvendelsen. Det er nødvendig for å bli frigjort fra det fysiske, for å nå den Åndelige Guds verden, i ånden.

Den nye fødsel

v3 Uten at noen blir født på ny, kan han ikke se Guds rike.
v5 Uten at noen blir født av vann og Ånd, kan han ikke komme inn i Guds rike.
Det som er født av kjøttet, er kjøtt - og det som er født av Ånden, er ånd."
(Joh 3, 1-6) Les alle versene.

Døren til Guds verden var åpnet for menneskeheten

"Da nå Jesus hadde fått eddiken sa Han: Det er fullbrakt. Og Han bøyde Sitt hode og oppga Sin ånd." (Joh 19, 30)

Kjære Gud

Jeg takker Deg for muligheten gitt av Din nåde for å komme innover i det jeg nær har begynt på. Du viser meg en helt ny verden. Takk for at jeg kan få følge Deg. Amen.

Daglig gjennombrudd

5. Mars

Bønn

«Bønn er en kunst som bare den Hellige Ånd kan lære oss». (Spurgeon)
Bønn har vært noe abstrakt for de fleste kristne. Det har vært vanskelig å få tak på hvordan det skal utføres. Det har blitt flere typer "rituelle bønner" i forskjellige kristne sammenhenger.

"For det helliges ved Guds Ord og bønn." (1 Tim 4, 5)

"Men kobberalteret vil jeg ha til å holde bønn ved." (2 Konge 16, 15)

Omvendelsens viktighet

Her kommer omvendelsens viktighet inn ved bønnen. Det må gjøres hvis bønn skulle nå fram. Hvis våre bønner skal nå ut i det åndelige og møte Gud.
I det Gamle Testamentet ble det holdt tilbedelse, ofringer og renselse av folkets synder i tabernakelet. Kobberalteret i forgården til tabernakelet var det viktigste. Det var synd og soningsalteret. Kobberet står for noe solid.

Daglig gjennombrudd

Men hva er bønn?

Jeg tar fram noen enkle forklaringer fra hebraisk på hva bønn er:

«Entevxis» (hebraisk)
Dette ordet menes «sammentreff, møte, samtale». Dette forteller meg at det er snakk om personligheter som holder intelligente konversasjoner. Da vil dette si vi skal ha konversasjon med Gud.

«Baqar» (hebraisk)
Dette ordet betyr «betrakte, omsorg for, se etter». Dette forteller meg at det er en omsorgsfull kjærlighet i bønnen.

«Daras» (hebraisk)
Betyr «følger, søke, tilbe, trede, besøke, hyppig, spørre». Her ser jeg bønnen betyr å søke Gud til vi finner Ham, videre bygge opp kjennskapsforhold personlig til Gud Jehova som er alts skaper, den Gud som er vår Herre som vi tilber.

(Det er flere ord å ta med fra grunnspråket. Men jeg synes disse betydninger er de mest forklarende på hva bønn er).

Kjære Far
Takk for at Du lærer og leder meg inn i disse aller viktigste ting for mitt liv. Jeg ser hvilken glede, entusiasme og herlighet det er som ligger foran meg i fellesskapet med Deg. Jeg vil inn i det alt sammen. Amen.

Daglig gjennombrudd

Daglig gjennombrudd

6. Mars

Dagens åndelige situasjon - en åndelig vekkerklokke

Det er mye å si om hvert av punktene som nevnes ved navn her (noe jeg skriver mer utfyllende om i andre av bøkene mine). Jeg ønsker at de kristnes øyne skal åpnes. Slik at vi kan se hvilken virkelighet vi lever i, og ut ifra det bygge våre åndelige liv solide - i sammen med Herren. Videre legger vi våre åndelige strategier for mer enn seier - alltid.

Elementer vi finner i "trosforsamlinger"
som ikke er av Herren:
Soaking
Kriging i ånden
Yoga (hinduisme), kundalini
Kantemplar bønn
Religioner – den Katolske kirke
Spiritisme
New Age

Hva er vår tro?
Det er et personlig forhold til Gud Jehova Fader, Sønnen Jesus Kristus og den Hellige Ånd.
Jesu Kristi forsoningsverk på Golgata.

Daglig gjennombrudd

Jesu Kristi død og oppstandelse fra de døde.
Jesu Kristi himmelfart.
Utgytelsen av den Hellige Ånds kraft.
Bønn i Ånden.

Lev alltid i kontakt med den Hellige Ånd
Vårt kristne liv må være et liv i et levende fellesskap med vår Skaper.

"Og da Han hadde latt folket fare, gikk Han avsides opp i fjellet for å be; og da det var blitt aften, var Han der alene." (Matt 14, 23)

"Og med ett, da de så seg om, så de ikke lenger noen hos seg uten Jesus alene." (Mark 9, 1-8)

Vårt oppdrag fra Jesus
Dette er vår absolutte første prioritets oppgave:

"Jesus sa: Gå ut i all verden og forkynn evangeliet for all skapningen." (Mark 16, 15-18)

Kjære Far
Jeg takker Deg for den klarheten i evangeliets sannheter og virkeligheter Du har latt meg se. Takk at jeg kan være disippel av Deg, med det enkle evangeliet om Din Sønn Jesus Kristus, gjennom den Hellige Ånds kraft til menneskehetens frelse. Amen.

Daglig gjennombrudd

7. Mars

Det er en ny dag - i tiden

Kom i posisjon
Kom i posisjon til å proklamere evangeliet. Det har aldri vært en bedre tid enn nå, til å være lydig mot den befalingen Jesus har gitt oss. De fleste har glidd elegant utenom de viktigste befalinger Herren har gitt oss.

Misjonsbefalingen
som den enkelt er kalt, står skrevet i Mark 16, 15:

"Jesus sa: Gå ut i all verden og forkynn evangeliet for all skapningen."

Misjonsbefalingen er for absolutt alle gjenfødte. I det øyeblikket du har overgitt ditt liv til Jesus som Herre, er misjonsbefalingen gjeldende for deg. Dette er din oppgave. Du har ingen mulighet til å unnslippe befalingen.

Min oppgave?
Det er mengdevis av Gud-gitte oppgaver i denne befalingen. Vi har alle ansvar for at denne oppgaven blir gjennomført.

Daglig gjennombrudd

De kristnes ulydighet er den største fienden, ikke Satan
Hvis vi har et nært forhold til Kristus, vil han veilede oss til hvor vi skal være med og støtte opp med alt vi kan. Enhver oppgave utenom denne oppgaven, er feil. Derfor er det denne oppgaven Herren leder deg inn i.

Kjære Fader
Jeg ser i Ditt Ord, Bibelen, at dette er den eneste oppgaven - og at den må adlydes - slik at Du kan komme igjen. Fra i dag skal jeg adlyde denne oppgaven og finne min plass i den. Amen.

8. Mars

En urokkelig tro

Veien fram til den bevisste ubevisste troen - gjør deg til en klippe

"Jesus sa: Men hvem sier dere at Jeg er? Da svarte Peter og sa: Du er Messias, den levende Guds Sønn. Kjøtt og blod har ikke åpenbart deg det, men Min Far i himmelen." (Matt 16, 15-19)

En direkte åpenbaring fra Gud, gjør deg klippefast troende
Her ser vi en direkte åpenbaring til Peter fra Gud Fader, som øyeblikkelig ble en klippefast tro i ham.

Vi tar en titt på en annen hendelse også. Det står i 1 Korinterbrev:

"Paulus sier: Jeg takker alltid min Gud for dere, for den Guds nåde som er dere gitt i Kristus Jesus, at dere i Ham er rike på alt, på all lære og all kunnskap, likesom Kristi vitnesbyrd (martyrium) er blitt rotfestet i dere." (1 Kor 14-6)

Daglig gjennombrudd

Martyrium fra gresk betyr «et vitne», som igjen betyr «en som legger fram håndfaste bevis om at det han taler sant».

En direkte åpenbaring fra Gud, via et bevis i det fysiske, gjør deg klippefasttroende
Dette er en mer utfordrende variant å ta imot åpenbaring på. I hvert fall første gangen du får den på denne måten. Første gangen du ser det skrevne Guds Ords løfter gå i oppfyllelse foran dine egne øyne, når du utfordrer mørkets makter - da tror du det og du glemmer det aldri. Din tro har blitt klippefast.

Dette er den sanne troen som brukes i alt fungerende åndelig arbeid.

Takk kjære Far
At Du gjør meg til en klippefast troende, når jeg skritter ut for å innta disse områdene, som Du i Ditt Ord har bedt meg om å gjøre. Amen.

9. Mars
Prinsipp for åndelig ledelse i den fysiske verden

Prinsipp 1: Hva sier Bibelen?
Mange ber om ledelse og åpenbaring om ting som står i Bibelen.
De fortsetter å be etter at de har fått klarhet.
Å be på denne måten, er som å be Gud ombestemme Seg.
Den Hellige Ånd leder aldri til ulydighet imot Ordet!

Prinsipp 2: Guds vilje er alltid god!
A.W.Tozer (amerikansk bibellærer) hevder at i de fleste spørsmål i livet, overlater Gud saken til oss selv og vårt eget valg.
Her blir det lett "overspent åndelighet".
Detaljstyring ville ha gjort oss reduserte og umyndigjorte.

Prinsipp 3: Gud leder ved hjelp av fornuften
Mye rart har blitt sagt om fornuften. I en periode i tiden var det en fornuftens tidsalder. Likevel er **fornuften styrt av Ordet og allmenne prinsipper i**

Daglig gjennombrudd

hverdagslivet. Dette er også et av prinsippene Gud bruker til å veilede de kristne.

Prinsipp 4: Guds ledelse ved hjelp av andre mennesker

Samme mekanismer leder ved fornuft i virksomheter, når Gud leder gjennom andre mennesker. Dette er mennesker som lever nær Gud og som kjenner den Gud vil ha i tale. **Samtidig må vi ha et nøkternt, realistisk forhold til det som har med ledelse å gjøre.**

Prinsipp 5: Villighet

Aktive viljehandlinger fra den troendes side. En kristen er ingen "marionett dukke". **Si hva du vil og ikke vil.** Si det du er overbevist om.

Om en kristen er blitt overbevist, er det ett skritt igjen.
Er man villig til å gjøre det Gud peker på? Lydighet sier ikke bare «ja», den sier «ja, Far».

I ledelse kan det også bli bomskudd.

Daglig gjennombrudd

Kjære Fader
Jeg synes det er så mange ting man må bli nøye med og trygge på. Jeg ønsker å få det grepet på alt dette som Du vil jeg skal ha. Takk for at Du leder meg videre på denne marsjen mot sann modenhet i Kristus.
Amen.

Daglig gjennombrudd

10. mars

Forutsettinger for Guds ledelse

Du må være født på ny
Du har mottatt en ren ny ånd fra Gud, den er sensibel for Guds Ånds tiltale. Den oppfatter signaler fra den åndelige verden. Instrumentet som oppfanger Guds stemme, tanke, ledelse og tiltale - er et villig ydmykt instrument.

Hvordan høre Guds stemme, oppfatte Guds tanke?
For å oppfatte (skjelne) Guds stemme, så gjøres det i utgangspunktet i stillheten. Har man erfaring og trening på området, klarer man å fange opp signalene, selv om man ikke er i et stille miljø. Søk inn mot Gud, mer og mer. Du vil etter hvert lære å skjelne.

Salmenes bok sier ofte: «Vær stille for Herren og vent på Ham».

Jesaja sier: «Den som tror, haster ikke».

Daglig gjennombrudd

Å vente innebærer ofte kamp.

«*Og vi vet at alle ting tjener den til gode som elsker Gud, de som etter Guds råd er kalt.* For dem som Han forut kjente, **dem har Han også forut bestemt til, å bli likedannet med Hans Sønns bilde**, *for at Han skulle være den førstefødte blant mange brødre*». *(Rom 8, 28-29)*

Gud vil forme oss på alle måter Han får mulighet til.

"*Herren skal gi Sitt folk kraft, Herren skal velsigne Sitt folk med fred.*"*(Salme 29, 11)*

Utover disse sannhetene, vokser også de personlige troens erfaringer fram.

Kjære Fader
Takk for denne store muligheten til å lære Deg mer å kjenne, og å lære å kjenne meg selv, min trygghet og min plass i Deg. Jeg takker Deg for dette, kjære Far. Amen.

11. Mars

Praktiske forklaringer
på hvordan minske inntak fra sansenes verden, den fysiske verden (jorden), og øke inntak fra Guds Ånd i åndens verden.

Klar for å søke Gud.
Stenge sansenes portaler.
Roe ned tanker og følelser.

Snuoperasjonen
Her står den absolutt største kampen. Det kan ta mange dager, kanskje uker, før noe resultat viser seg å komme. Du har levd dominert og styrt av det som har kommet inn gjennom sansenes portaler hele livet. Dette blir en stor snuoperasjon. Her gjelder det ikke å gi opp.

"For om vi enn vandrer i kjøttet, så strider vi dog ikke på kjødelig vis.

For våre stridsvåpen er ikke kjødelige, men mektige for Gud til å omstyrte festningsverker,

Daglig gjennombrudd

idet vi omstyrter tankebygninger og enhver høyde som reiser seg mot kunnskapen om Gud, og tar enhver tanke til fange under lydigheten mot Kristus." (2 Kor 10, 3-5)

Kan du nå se hvordan dette gjøres?
Hør på dette:

"Sannelig sier Jeg dere, at den som sier til dette fjell: Løft deg opp og kast deg i havet! Og ikke tviler i sitt hjerte, men tror det han sier skal skje, han skal det vederfares (motta, gresk).

Derfor sier Jeg dere: Alt det dere ber om og begjærer, tro bare at dere har fått det, så skal det vederfares (motta) dere." (Mark 11, 23-24)

Du må tro det. (Fortsetter i morgen)

Kjære Fader
Takk for at Du hjelper meg til å få alt dette på plass, slik at jeg kan komme inn i en åndelig reell funksjon. Jeg vil leve helt for Deg slik Du vil. Amen.

Daglig gjennombrudd

12. Mars

Den harde kampen

Når dine inntrykk fra sansene i ditt sinn har roet seg ned, og du samtidig venter på et signal fra Gud, må du hele tiden la tenking rundt noe som helst roe ned. Ikke en gang tenk at du ikke skal tenke. Forstår du? Alle tanker i ro. Dette er vanskelig og tidkrevende. Dette er tålmodighets arbeid, men det bryter igjennom etter hvert. Prøver tanker seg, så be i tunger. Det er bønnespråket i den Hellige Ånd. Da trenger du ikke tenke, det er åndelig. Be i tunger til ting roer seg igjen. Be i tunger inne i deg, ikke lag lyd. Nå er det de menneskelige tankemønstre som brytes, tankenes adferd. Fornuft skal ikke styre, ingenting i sansenes apparat skal få styre. De skal legges rolig ned. Åndelig liv og virkelighet dreier seg absolutt ikke om fysisk liv og virkelighet.

"Harddisken"

"Harddisken", sjelens hovedbase, ligger imellom Ånd og legeme. Det er her krigen foregår. Nå legges det til rette for Guds mottak og underlegging under Guds Ånd, det som har kommet og det som kommer igjennom sansenes porter.

Daglig gjennombrudd

Du ser, Jesus brukte mye tid på fjellet i bønn og stillhet innfor Gud. Han måtte gjøre på samme måte som oss. Han hadde også kampens arena i sinnet.

"Jesus gikk avsides opp i fjellet for å be. Da det var blitt aften, var Han der alene."
(Matt 14, 28)

Vi så Ham også i Getsemane i bønn, hvor Hans svette ble som blodsdråper. Dette er akkurat den samme kamp vi må kjempe i sinnet. Selvfølgelig var det Jesus gjorde mye hardere. Han hadde hele verdens ansvar på Sine skuldre og i Sitt hjerte.

"Og Han kom i dødsangst og ba enda heftigere, og Hans svette ble som blodsdråper, som falt ned på jorden."
(Luk 22, 40-44)

Kjære Fader
Dette alvoret, denne virkeligheten og dette livet å komme inn i, er hardere enn jeg har forstått tidligere. Men kjære Far, jeg er klar for å gå denne veien. Takk at Du er med hele veien. Amen.

13. Mars

Du må tro det – du blir en troens gigant

Dette er den harde bønnekampen, som ikke utkjempes med sansenes høye skrik, men i Åndens stillhet. Nå har det stilnet, slik at du er klar til å skritte ut i tro. Når du i roen ser den lille åpningen fra Gud, så må du tro det er Gud. Nå er det ikke rom for mer tvilstenking eller noe annen tenking. Troens øyeblikk er inne. Nå må du bestemme deg for å gå ut mot det du ser fra Gud, i troens handling nå.

Øyeblikket
Når det kommer, må du ta det i øyeblikket - i tro, hvis ikke går det forbi. Da må du starte på nytt. Skritter du ut i øyeblikket, så er du der du ser. En stor seier er vunnet. Et skritt videre med å være i Guds nærhet er innhentet. Nå må du fortsette og ta trosavgjørelser - men det blir enklere, for nå er du i gang.

Troskartet
Det troens kart du nå bygger opp, vil koste deg mye konsentrasjon og viljebruk. Men

dette vil forme din karakter kraftig - positivt. Du vil bli klar over hvilke utfordringer som møter en sterk troende. Det er de sterkt troende som møter de sterke utfordringene. Satan er ikke redd de andre. Det er de som skritter ut i troens lydighet og harde virkelighet som får de harde prøvelsene. Men det gjør en bare sterkere og sterkere i troen, fordi avgjørelsen er tatt. Det er ingen vei tilbake. Bare forover, uansett. Nå forstår du dette verset bedre.

"Paulus sier: Om jeg enn er fraværende i kjøttet, så er jeg dog hos dere i ånden."
(Koll 2, 5)

Dette er noe som blir mer og mer en virkelighet, når man får øvet seg opp til det vi her snakker om. Vi gjenfødte har muligheten til å gå ut i åndens verden, samtidig som vi er her. Vi går ikke ut med følelseslivets basuner, det er bare i kjøttet. Vi går ut i åndens vind av stillhet, i fred, som en troens gigant.

Kjære Fader
Jeg takker Deg for at mine øyne åpnes så jeg ser disse virkeligheter. Jeg gleder meg til å komme inn i Din verden på en virkelig måte. Takk for at Du leder meg fremover på vandringen. Amen.

Daglig gjennombrudd

14. mars
Jobb nr 1

En legendarisk historie forteller
Gud ble spurt: «Hva om ingen vil gå ut med evangeliet til hedningene?»
«Da har Jeg ingen alternativ plan», svarte Gud.

«Det er ikke frelse i noen annen, for det er heller ikke noe annet navn under himmelen, gitt blant mennesker, ved hvilket vi skal bli frels».(Apg 4, 12)

Ingen andre guder, religioner - hinduisme, islam, buddhisme, sikisme, New Age, religiøs kristendom, kommunisme, nasjonalisme. Det er bare ett navn det er frelse i, det er navnet Jesus.

"Jesus sier til Thomas: Jeg er veien, sannheten og livet. Ingen kommer til Faderen uten ved Meg." (Joh 14, 6)

Vi har gjort alt, utenom det Gud i Kristus ba oss om å gjøre. Jesus har aldri bedt oss om å bygge store katedraler og menighetsbygg. Men derimot har Han gitt oss et oppdrag.

Daglig gjennombrudd

"Jesus sa: Gå ut i all verden og forkynn evangeliet for all skapningen."
(Mark 16, 15)

Hør videre:

"Jesus sa: Og dette evangelium om riket skal forkynnes over hele jorderike til et vitnesbyrd (martyrium, gresk) for alle folkeslag, og da skal enden komme."
(Matt 24, 14)

"Og Jesus trådte frem, talte til dem og sa: Meg er gitt all makt i himmel og på jord;

Gå derfor ut og gjør alle folkeslag til disipler, idet dere døper dem til Faderens og Sønnens og den Hellige Ånds navn,

og lærer dem å holde alt det Jeg har befalt dere. Og se Jeg er med dere inntil verdens ende!" *(Matt 28, 18-20)*

Kjære Fader
Jeg ser alvoret i Din befaling til meg. Jeg vil gjøre det som er min del av denne befalingen. Takk at Du leder gjennom Ditt Ord, inn i det som er min del av denne oppgaven. Amen.

15. Mars

Berør verdens hjerter

Oppdraget er ikke fullført, men vi kan få oppdraget gjort, slik at vår Herre Jesu kan komme tilbake.

Hør:

"Jeg har gitt dere makt over alt fiendens velde." (Luk 10, 19)

"Evangeliet om Jesus Kristus er en Guds kraft til frelse." (Rom 12, 16)

La oss som kristne, for første gang i historien, gå massivt ut med evangeliet i sammen - så vi kan få gjort jobben, så Jesus kan komme igjen. Det er en stor positiv utfordring, gitt oss alle. Ungdommer, ta gode utdannelser, bli ledere i nasjoner på forskjellige nivåer. Påvirk verden med den du er i Kristus, der du er. Stå med i "misjonsjobben" så mye du har tro for i ditt hjerte. Dette gjelder absolutt alle.

"Jeg vet om dine gjerninger, se, Jeg har satt foran deg en åpnet dør, og ingen kan lukke den til, for du har liten styrke, og har

Daglig gjennombrudd

dog tatt vare på Mitt Ord og ikke fornektet Mitt navn." (Åp 3, 8)

"Timen til å høste har kommet; for høsten på jorden er overmoden." (Åp 14, 15)

Som gjenfødte har vi ingen unnskyldning til ikke å få jobben gjort. Ansvaret er vårt. La oss gå for verdens viktigste oppgave.

Kjære Fader
Jeg har aldri sett meg selv med en oppgave fra Deg, men skjønner nå at det er en hovedoppgave du vil ha fullført. Jeg har aldri forstått, hva jeg forstår nå - nemlig at der er en plan som gjelder og teller mer enn hele kosmos. Det er en plan som gjelder Din høyeste skapning - mennesket. Det gjelder menneskehetens mulighet, til å kunne gi sitt liv til Jesus Kristus, Din Sønn, som sin frelser.
Jeg forstår nå, at jeg har en del av denne oppgaven fra deg personlig. Takk at Du fortsatt vil lede meg inn i denne store oppgaven. Jeg vil følge Ditt Ord, og gjøre det Du leder meg til å gjøre. Amen.

Daglig gjennombrudd

16 Mars
Et vitne I

"Jesus sa: Dere skal få kraft i det den Hellige Ånd kommer over dere, og dere skal være Mine vitner (martyrer)." (Apg 1, 8)

Hvorfor skal vi ha guddommelig kraft?
Som en født-på-ny troende og etterfølger av den Herre Jesus Kristus, er det mange fiender som vil oss ille. Vi har blitt gitt den Hellige Ånds kraft, som et Satan- og demonbeseirende våpen. Men vi må lære å bruke våpnene.

For å være vitner om hva?
Vi skal være vitner om Jesu forsoningsverk på Golgata kors, som åpnet frelsens vei for hele menneskeheten. Og at Jesus, Gud Jehovas Sønn, er oppstanden ifra de døde. Den samme kraften som skapte hele kosmos og mer, og sto bak forsoningsverkets seier. Denne samme kraft og seier er blitt gitt enhver gjenfødt troende på Jesus, som et bevis om Guds allmakt og Kristi seier på korset på Golgata.

Vi lever i et krigersk samfunn i ånden.

Daglig gjennombrudd

Bibelens konsept for seier i den åndelige krigen:

"Strid troens gode strid, grip det evige liv."
(1 Tim 6, 12)

"Ikle dere Guds fulle rustning, så dere kan stå dere mot djevelens listige angrep."

Forståelse av bruken av de guddommelige redskapene

Her er det snakk om å bli ikledd forståelsen gjennom åpenbaring, hvordan bruke de forskjellige seiersredskapene i krigen.

«For vi har ikke kamp i mot blod og kjøtt, men mot makter, mot myndigheter, mot verdens herrer i dette mørke, mot ondskapens åndehær i himmelrommet».
(Ef 11-12)

Kjære Fader

Jeg ikler meg forståelsen av bruken av Dine åndelige redskaper som er meg gitt i Ditt Ord. Jeg vil være fylt med den Hellige Ånds kraft og bruke Dine åndelige redskaper med denne kraften. Amen.

Daglig gjennombrudd

17. Mars

Et vitne II

"For våre stridsvåpen er ikke kjødelige, men mektige for Gud til å omstyrte festningsverker." (2 Kor 10, 4)

Troen er "ild-starteren"
Disse våpnene vil gi deg seier hver gang, hvis du tror at de er guddommelige våpen og at kraften og redskapene er deg gitt, slik som Guds Ord forklarer oss.

Dette er enkle våpen, med en guddommelig slagkraft, til bruk på den "åndelige slagmark"
Dette er ikke våpen som er tenkt til å brukes innenfor veggene til de gjenfødte troende. Dette er redskaper ment å bruke ute "de åndelige slagmarkene", der ute hvor fiendene er. Innenfor våre vegger skal vi be bibelsk, og motta den bibelske kunnskapen, som i sin tur blir vår personlige åpenbaringskunnskap. Er noen i blant oss syke, så helbreder vi dem.

Daglig gjennombrudd

Men våpnene og kraften er ment for slagmarken!

Jeg har reist over hele verden med dette siden jeg var en ung mann. Det har aldri vært ett møte uten at seieren har brutt igjennom blant de lengtende hedninger.

Fienden er over hele jorden med sine plager

Fiendene er over hele jorden og plager, undertrykker, binder og besetter menneskeheten med sine åndelige våpen. Det er Satan og alle hans åndelige tanker, og demonene med alle deres undertrykkelser, bindinger og besettelser. Dette er sykdommer til legemet og sykdommer til sjelen, hvor "harddisken" er hjernen. Her der det snakk om fysiske og psykiske lidelser.

"Men Kristus kom som en yppersteprest for de kommende goder, han gikk igjennom det større og mer fullkomne teltet, som ikke er gjort med hender (det er: som ikke er av denne skapning).

Og ikke med blod av bukker og kalver, men med Sitt eget blod, en gang inn i helligdommen og fant en evig forløsning."
(Heb 9, 11-12,24)

Daglig gjennombrudd

Seieren vunnet for evig
Seieren er for evig vunnet over alt Satans verk og til fullkommen forløsning og frelse for menneskeheten.

Kjære Far
Jeg takker Deg av hele mitt hjerte, for denne fullkomne seier som et vitne i tiden. Jeg takker Deg for at jeg er utvalgt til dette fantastiske livet for all evighet. Amen.

Daglig gjennombrudd

Daglig gjennombrudd

18. Mars
Ånden har landet

Esekiel
Den dagen Esekiel skrev om hadde kommet:

"Jeg vil gi dere et nytt hjerte, og en ny ånd vil Jeg gi inne i dere." (Esek 36, 26)

Jesus
Jesus sa til Sine disipler:

"For Johannes døpte vel med vann, men dere skal døpes med den Hellige Ånd ikke mange dager heretter." (Apg 1, 5)

Døperen Johannes
Døperen Johannes sa:

«*Jeg døper dere med vann til omvendelse; men Han som kommer etter meg, er sterkere enn jeg, Han hvis sko jeg ikke er verdig til å bære. Han skal døpe dere med den Hellige Ånd og ild*». (Matt 3, 11)

Daglig gjennombrudd

Det kommer

"Jesus sa: Bli i byen, vent på det som Faderen har lovet - kraften." (Apg 1, 4)

"Dere skal få kraft i det den Hellige Ånd kommer over dere." (Apg 1, 8)

Kjære Fader

Jeg er klar for denne fantastiske dagen, hvor jeg ved din store kjærlighet og nåde, i ydmykhet skal få være bærer og bruker av denne kraften, ut til menneskeheten som Du ga Ditt liv for. Amen.

19. Mars

Pinsefestens dag hadde kommet

"Og da pinsefestens dag var kommet, var de alle samlet samme sted.

Og med ett kom det en lyd fra himmelen som av et fremfarende veldig vær og fylte hele huset der de satt.

Og det viste seg for dem tunger likesom av ild, som skilte seg og satte seg på enhver av dem.

Da ble de alle fylt med den Hellige Ånd, og de begynte å tale med andre tunger, alt etter som Ånden ga dem å tale." (Apg 2, 1-4)

De fikk den - kraften til å gjøre tegn og under og mirakler.

"Og disse tegn skal følge de som tro: I Mitt navn skal de drive ut onde ånde, de skal tale med tunger.

Daglig gjennombrudd

De skal ta slanger i hendene, om de drikker noe giftig, skal det ikke skade dem, på syke skal de legge sine hender, og de skal bli helbredet." (Mark 16, 15-18)

Bønnespråket i den Hellige Ånd til oppbyggelse

"Den som taler med tunger, oppbygger seg selv; men den som taler profetisk, oppbygger menigheten.

For dersom jeg ber med tunger, da ber min ånd, men min forstand er uten frukt."
(1 Kor 14, 4.14)

Uansett hvem du er, hva du tilhører - du kan bli en ekte venn av pinsens budskap

Kjære Fader
Takk for dette begeistrende budskap av sannhet. Takk at jeg kan være en bærer av denne kraft i kjærlighet til menneskeheten. Jeg føler meg beæret over å kunne kalle meg åndsfylt med Guds kraft, den Hellige Ånds kraft. En tungetalende gjenfødt troende av Jesus Kristus, Guds levende Sønn. Amen.

20. Mars

Satan kopierer så godt han kan alt Gud gjør

Nå kommer jeg med et stykke som bryter litt med det foregående, men som det er en nødvendighet for oss å ha litt kunnskap om. Ikke alle liker det, men vi trenger kunnskapen om hva som skjer rundt oss.

Satans kopi - astral projeksjon
Det er dette spiritister forholder seg til. De er Satan og demonenes redskaper. Selv Satan har fått dem til å tro noe annet, inntil de kommer dypt inn i dette. Dette er ting som har vært fra tidenes morgen. Deres medier går tilbake til tidligere liv - tror de. Men det er ikke det de gjør. Det som skjer er at de kommer i kontakt med demoner ute i åndeverdenen.

De medier som tar del i astral projeksjon (går inn i åndeverdenen på «feil side»), frykter alltid for en ting: De er redde for at de ikke kommer tilbake i kroppen sin. Det viser seg at flere ikke har kommet tilbake. De har levd videre som et levende legeme,

Daglig gjennombrudd

men det har ikke vært mulig å få kontakt med dem.
Du ser hvordan Satan og demonene kan ta mennesker, hvis vi tror vi kan «leke» med dem.

"For om jeg er fraværende i kjøttet, sier Paulus, så er jeg dog hos dere i ånden."
(Koll 2, 5)

Gjenfødt
Vi gjenfødte kan bevege oss ut i åndens verden, samtidig som vi er tilstede i legemet på jorden.

Medier
Medier forlater legemet, og en annen ånd kommer inn i stedet. Da er det snakk om demoners ånder.

Dyp-trance medier
Når deres ånd forlater dem, ser de ut som et lik. Unnskyld uttrykket. (boken: Samkvem med åndeverdenen, s 84)

Nummenhet
i hodet, tyngde i lemmene, hodet dreier seg frem og tilbake i høy hastighet, ufrivillige bevegelser av kroppen. Onde ånder arbeider. De er ute etter å løse ånden fra kroppen. Dette er en slags dødskamp uten

Daglig gjennombrudd

smerter. Dette skjer oftest hos kommende dyp-trance medier. (Samkvem med åndeverdenen, s 99)

Kjære Far
Jeg takker Deg for at jeg kan få se en virkelighet som er i den usynlige, åndelige verden. Den verden hvor alle ting først blir skapt, før det har blitt til en synlig realitet, i den fysiske verden. Dette er en skremmende virkelighet vi som gjenfødte må forholde oss til. Fordi dette er et av Satan og demoners virkeområder, hvor vi som gjenfødte har fullkommen seier i Jesu navn. Men vi må kjenne Satan og demonenes virkeområder og bygge vår strategi med Herren deretter. Takk at Du viser meg det som Satan og demonene vil skjule, så de kan arbeide i fred. Men de er avslørt på alle områder og seieren er min i Jesu navn. Jeg takker Deg for Ditt utgytte hellige blods beskyttelse på alle livets områder. Amen.

Daglig gjennombrudd

Daglig gjennombrudd

21. Mars

Åndelig krigføring

Jeg har mye undervisning om åndelig krigføring, hvor det belyses fra forskjellige sider. Måten å utføre den på er enkel og alltid den samme, en nøktern, enkel undervisning ut ifra det skrevne Guds Ord, Bibelen. Her kommer jeg inn fra en ny vinkel.

Onde ånders åpenbarelse blant kristne
Dette er nok noe som har økt i styrke og som vi ser mer av i den moderne tid vi nå lever i, mer enn det noen gang har vært i menneskehetens historie.
Når kristne ikke har levd overgitt til Kristus slik de burde, men allikevel vil ha Guds åpenbarelse i blant seg - ja, da er de med sitt overnaturlige på "tynn is".

Satan og demonene ser at kristne ikke lever i seieren som er deres i Kristus
Når disse kristne allikevel er ute etter å oppleve det overnaturlige med Gud, hvilket ikke går, ser Satan og demonene sin mulighet til å flette seg inn i de kristnes fellesskap.

Daglig gjennombrudd

Akkurat dette skjer mange steder verden over

Ingenting av det overnaturlige som skjer blant de kristne, kan aksepteres hvis ikke den Hellige Ånd gir en sterk sanksjon på det som skjer. Det kan være helbredelser, åndsfylling, forsøk på utdrivelse av onde ånder, falle i gulvet under "kraft", voldsomme rystelser på hodet, og unaturlig, ufrivillige bevegelser av kroppen.

Ikke noe av dette kan aksepteres hvis ikke den Hellige Ånds sanksjon er sterkt tilstede

En ser at kristne ledere og såkalte åndsfylte aksepterer dette. Demonene og Satan har flettet seg så freidig inn i mang en kristen gruppe.

Tegn, under og mirakler er ment som et vitnesbyrd til hedningene

Tegn, under og mirakler er ment som bevis om Kristi oppstandelse til hedningene, slik at de kan få en mulighet til å gi sitt liv til Kristus - og la verden får høre de gode nyheter, så Jesus kan komme igjen.

Ikke som underholdning for kristne

Når kristne satser stort på denne åndelige underholdningen, er det lett for Satan og demonene å komme til - og det gjør de.

Daglig gjennombrudd

Jeg tror dette er nyttig informasjon for den tiden vi lever i.

Kjære Fader
Takk for at Du avslører alle disse åndelige virkeligheter for meg, slik at jeg kan vokse inn i et nøkternt sterkt liv som en gjenfødt, slik at jeg kan tjene Deg på den beste måten. Takk at jeg får tilhøre Deg. Jeg tilber og søker **Deg, Jesus,** og ikke noen opplevelser. Amen.

Daglig gjennombrudd

Daglig gjennombrudd

22. Mars

Forestillinger om forbønn som står imot frelsens sannheter

Kjempe mot Satan og demonene i det kristne fellesskapet
Troen på at kristne må kjempe imot makter, myndigheter, ondskapens åndehærer i himmelrommet i det kristne fellesskapet: Satan og demoner finnes ikke i de gjenfødtes fellesskap - om man ikke gir dem plass. Satan har ingen rett til å gjøre nedbrytende arbeid i kristnes liv.

"Han som fridde oss ut av mørkets makt og satte oss over i Sin elskede Sønns rike." (Koll 1, 13)

Satan og demoner har ikke mer makt over de gjenfødte - enn de gir dem.

Den kraften som frelser mennesker, er kraften i åpenbaringskunnskapen om evangeliet.

Daglig gjennombrudd

"For jeg skammer meg ikke ved evangeliet; for det er en Guds kraft til frelse for hver den som tror, både for jøde først og så for greker." (Rom 1, 16)

De kristnes oppgave er å kunngjøre Guds tilbud

Tilbudet kan aksepteres eller forkastes. Dette er ingen tvang, men et tilbud fra Gud Jehova.

Kristne kan ikke reformere mennesker ved å kaste ut onde ånder av dem

Guds Ord må undervises til folket, slik at de kan godta eller forkaste det.

"Dere skal kjenne sannheten og sannheten skal sette dere fri." (Joh 8, 32)

Vi vinner over Satan og demoner ved å gi folk sannheten som finnes i evangeliet. Det er den kraften som river ned Satans festningsverker og bringer frelse.

Takk Jesus
for Din seier for menneskeheten over Satan og demonene. Takk at jeg kan leve i Din fullbrakte seier så lenge jeg lever på jorden og inn i evigheten, i evigheters evighet. Jeg takker Deg for den redning Du gjorde for menneskeheten. Storheten i den seieren er vanskelig å forstå helt ut, men jeg tror den, og gir mitt liv for Deg for alltid, Min kjære Frelser Jesus. Jeg er Din for evig. Amen.

Daglig gjennombrudd

Daglig gjennombrudd

23. Mars

De kristnes hovedoppgave er å vitne

Bønn på rett måte (som jeg har skrevet om) er viktig for en kristen, men hovedoppgaven er å være et **vitne**.

Ingenting kompenserer for handling
Uomvendte kan kun bli frelst ved tro. Ingenting kan kompensere for tro. Derfor må vi ut som vitner, slik at vi kan gi dem Guds Ords kunnskap. Kunnskap om hva Gud allerede har lagt ned i dem og hva de kan motta fra Ham - hvis de vil ha det.

"For av nåde er dere frelst - ved tro, og det er ikke av dere selv, det er en Guds gave."
(Ef 2, 28)

"Så kommer da troen av forkynnelsen, og forkynnelsen ved Kristi Ord." *(Rom 10, 17)*

"Hvordan skal de tro på Ham som de aldri har hørt om? Og hvordan kan de høre uten at det er noen som forkynner."
(Rom 10, 14)

Daglig gjennombrudd

Som du ser, de kristnes hovedoppgave er å være et vitne, martyr, som fra gresk betyr «en som legger fram håndfaste bevis, om at det han taler er sant». Altså en **bevisprodusent.**

En som står fram med tegn, under og mirakler i den Herre Jesu Kristi navn, som en Jesu disippel.

"For jeg vil ikke driste meg til å tale om annet enn det som Kristus har virket ved meg for å føre hedningene til lydighet, ved ord og gjerning.

Ved tegns og unders kraft, ved Åndens kraft, så at jeg fra Jerusalem og rundt omkring like til Ilyria har fullt ut kunngjort Kristi evangelium." (Rom 15, 18-19)

Som Paulus var, er også vi - først og fremst et vitne.

Kjære Fader
Takk for at mine åndelige øyne nå bare åpnes opp mer og mer for Dine sannheter. Jeg forstår nå hva som først og fremst er min oppgave som en gjenfødt kristen, nemlig at jeg er et Jesu Kristi vitne. Amen.

Daglig gjennombrudd

24. Mars

Kristi fiender er hørere - og gjør etter Satans tanker

Det være seg religioner eller politikk, i alle sine forskjellige kategorier. Ingen av disse går på kompromiss. Det er bare **to** typer tanker som styrer et menneskes syn: Det er **Guds tanker** og **Satans tanker**. Alle typer tanker gir en følelse. De tankene du tror - styrer deg.

Budskapet til hedningene har vi

"Også dere har Han gjort levende, dere som var døde, ved deres overtredelser og synder,

dere som tidligere vandret etter denne verdens løp, etter høvdingen over luftens makter, den ånd som nå er virksom i vantroens barn.

Blant hvilke også vi alle fordum vandret i vårt kjøtts lyster, idet vi gjorde kjøttets og tankenes vilje, og vi var av naturen vredens barn likesom de andre.

Daglig gjennombrudd

Men **Gud har gjort oss levende med Kristus**, enda vi var døde ved våre synder - av nåde er dere frelst.

Og Gud Jehova/Jahve oppvakte oss med Kristus og **satte oss med Ham i himmelen, i Kristus Jesus.**

At dere på den tid sto utenfor Kristus, utelukket fra Israels borgerrett og fremmede for pakten med deres løfte, uten håp og uten Gud i denne verden.

Men nå i Kristus Jesus, er dere som før var langt borte, **kommet nær til ved Kristi blod."** (Ef 2, 1-3.5.6.12.13)

"Jesus sier til disiplene ved det siste måltidet med dem: **Dette er Mitt blod, paktens blod, som utgytes for mange."** (Mark 14, 24)

Vi har paktens gyldighet i Jesus Kristus.

"Og det er ikke frelse i noen annen; for det er heller ikke noe annet navn under himmelen, gitt blant mennesker, ved hvilket vi skal bli frelst.

Og med stor kraft bar apostlene frem vitnesbyrdet om den Herre Jesu

Daglig gjennombrudd

oppstandelse, og det var stor nåde over dem alle." (Apg 4, 12.33)

Takk Far i himmelen
For den fantastiske seieren du tilrettela i Din Sønn Jesus Kristus. Takk for at det gikk igjennom, slik Du la det til rette for verdens redning/frelse. Takk at jeg kan få være med på avsluttingen av dette guddommelige verk, frem til Din Sønn Jesus Kristus, verdens Frelsers gjenkomst til jorden, for å hente de forløste hjem. Amen.

Daglig gjennombrudd

25. Mars

Front-evangelisering bryter grenser I
Pionermisjon berører verdens hjerter. Oppdraget er ikke fullført.

Alt må gjøres for at vår oppgave skal fullføres.

"Jesus sa: Se, Jeg har gitt dere makt over alt fiendes velde." (Luk 10, 19)

"For jeg skammer meg ikke ved evangeliet - for det er en Guds kraft til frelse." (Rom 1, 16)

Det er åpne dører over alt

"Jesus sa: Høsten er stor, men arbeiderne er få. Be derfor høstens Herre at Han vil drive arbeiderne ut til Sin høst." (Matt 9, 37-38)

Daglig gjennombrudd

"Send ut Din sigd og høst! Timen til å høste er kommet. For høsten på jorden - er overmoden." (Åp 14, 15)

"Deretter så jeg en stor skare, som ingen kunne telle, av alle ætter, stammer, folk og tunger, som sto for tronen og for lammet, kledd i lange hvite kjortler og med palmegreiner i hendene." (Åp 7, 9)

Kjære Far
Takk at Du lar meg se alvoret i verdensevangeliseringen. Du har vist meg at denne oppgaven må fullføres på raskest mulig tid. Vis meg hvilke oppgave jeg skal gjøre i denne front-evangeliseringen til verdens siste utposter. Amen.

Daglig gjennombrudd

26. Mars

Front-evangelisering som bryter grenser II

Det er 3000 hovedspråk i verden. Det er 12000 folkegrupper. 9000 folkegrupper har kristne i sin midte. I 3000 folkegrupper er det ennå ingen kristne. 2 milliarder mennesker i disse gruppene, ca 1700 språk. Det er til disse gruppene ingen Bibel oversatt. (Egil Grandahl Hagen) De fleste bor i områder stengt for misjon tradisjonelt.

Misjonsoppdraget er gitt som en befaling av Jesus - ikke til diskusjon.

(Disse fakta er noen år gamle, så de er nok ikke helt nøyaktige i dag, men gir en fin pekepinn).

Dette gir oss en klar forståelse av hva Kristi befaling til oss er. Befalingen er meget enkel å forstå, men mange har allikevel sagt de ikke forstår dem. Det er befalingen i Markus 15,16 som sier:

Daglig gjennombrudd

«Gå ut i all verden og forkynn evangeliet for all skapningen». Dette er Jesu egne Ord til oss – og vår hovedoppgave.

Kjære Fader
Det er enorme behov, men Du er en dekker av alle behov, hvis vi bare kan adlyde Deg og gå i tro på Ditt Ord. Jeg forstår alt er mulig igjennom oss som Dine barn, for å få fullført denne "mulige" oppgaven. Takk for at jeg kan være en del av oppgaven. Amen.

27. mars

Proklamere Guds forløsningskraft inn i menneskeheten

Forkynnelsen til hedningene
Forkynnelsen til hedningene er enkel, men sann. Det er Herren som gjør verket gjennom oss, som Hans tjenere og disipler. Når du kommer til mennesker som aldri har hørt navnet Jesus, må du tale troen på evangeliet inn i dem. De kan jo ikke tro på noe de ikke har hørt. Men evigheten er nedlagt i alles hjerter, så når evangeliet i Ånd og kraft kommer, kjenner de en gjenklang i sitt indre. En gjenklang som sier at dette de hører er sannheten.

Det første som må forkynnes:
Guds skapelse.
Satans bedrag.
Jesu stedfortredende verk.
Hva som er gitt av nåde i Jesu stedfortredende verk.

"Evangeliet er en Guds kraft til frelse for hver den som tror." (Rom 1, 16)

Daglig gjennombrudd

Vi forkynner til de tror det

"Så kommer da troen av forkynnelsen og forkynnelsen ved Kristi Ord." (Rom 10, 17)

Når jeg taler til unådde mennesker, stopper jeg opp når jeg ser at de ikke forstår helt. Da tar jeg alt om igjen, til de griper det og bryter ut i jubel. Dette er fantastiske opplevelser. De må selv gripe og tro, det jeg har grepet og tror. Resultatet er det samme bestandig, slik Markus-evangeliet også forteller.

"Apostlene gikk ut og forkynte Ordet alle steder, og Herren virket med, og stadfestet Ordet ved de tegn som fulgte med." (Mark 16, 20)

Sannheten setter fri, alltid - når man er åpen for sannheten

"Dere skal kjenne sannheten, og sannheten skal sette dere fri." (Joh 8, 32)

Takk kjære Far
for disse fantastiske mulighetene som er oss gitt. Muligheter som fungerer i praksis, over alt der det blir tatt imot og trodd. Takk at jeg får være en del av dette. Amen.

Daglig gjennombrudd

28 Mars

Jeg tror på mirakler I

Jeg forkynner fordi jeg tror på evangeliet, fordi jeg vet det er sant. Det har vært min oppgave siden jeg som ung mann ble en kristen. Jeg tror på alle Bibelens mirakler, uten tvil i mitt hjerte, jeg håper du også gjør det. Gjør du det, er det ubegrenset hva Gud kan bruke deg til.

Mirakel 1
Jomfru-fødsel

"En jomfru skal bli fruktsommelig og føde en sønn, og Han skal kalles Immanuel - det er utlagt - Gud er med oss." (Matt 1, 23)

Mirakel 2
Krybbe-frelseren

"Dere er i dag en Frelser født, som er Kristus Herren, i Davids stad.
Og dette skal dere ha til tegn: Dere skal finne et barn svøpt, liggende i en krybbe." (Luk 2, 11-12)

Mirakel 3

Daglig gjennombrudd

Levde et helt liv, uten å synde en eneste gang

"Ettersom vi har en så stor yppersteprest, som er gått gjennom himlene, Jesus, Guds Sønn, så la oss holde fast ved bekjennelsen.

For vi har ikke en yppersteprest som ikke kan ha medynk med våre skrøpeligheter, men en slik som er blitt prøvd i alt i likhet med oss, dog uten synd." (Heb 4, 14-15)

Mirakel 4
Forsoningen – beseiret alt

"Da nå Jesus hadde fått eddiken, sa Han: Det er fullbrakt. Og Han bøyde Sitt hode og oppga Sin ånd." (Joh 19, 28-30)

"Og de seiret over ham, Satan i kraft av lammets, Jesu blod og de Ord de vitnet." (Åp 12, 11)

Takk Far
for disse fantastiske mirakler som alle er grunnlaget for det fantastiske frelsesverket som utspant seg på Golgata kors, slik at verden skulle få en ny mulighet til å nå fram til Guds hjerte. Amen.

29. Mars

Jeg tror på mirakler II

Vi fortsetter med miraklene, som ble verdens befolknings redning - hvis de ville ta det imot og tro det.

Mirakel 5
Oppstandelsen

"Og hvor uendelig stor Hans makt er for oss som tror, etter virksomheten av Hans veldige kraft,

som Han viste på Kristus da Han oppvakte Ham ifra de døde og satte Ham ved Sin høyre hånd i himmelen." (Ef 1, 19-20)

"Jesus ropte igjen med høy røst og oppga ånden.

Og se, forhenget i tempelet revnet i to stykker fra øverst til nederst, og jorden skalv, og klippene revnet.

Og gravene ble åpnet, og mange av de hensovede helliges legemer sto opp,

Daglig gjennombrudd

og de gikk ut av gravene etter Hans oppstandelse og kom inn i den hellige stad og viste seg for mange." (Matt 27, 50-53)

Dette at Jesus er oppstanden fra de døde, er noe som den humanistiske verden ikke klarer å svelge som en sannhet. Dette er Antikristens ånd. Vi lever i en krig i åndens verden. Satan hater at det blir forkynt at Jesus er oppstanden fra de døde. Det er rett og slett for sterk kost for ham.

Mirakel 6
Bortrykkelsen

"Jesus sa: Men dere skal få kraft i det den Hellige Ånd kommer over dere, og dere skal være Mine vitner (martyrer). Og da Han hadde sagt dette, for Han opp mens de så på og en sky tok Ham bort fra deres øyne." (Apg 1, 8-9)

Jeg takker Deg Far
for alle disse guddommelige miraklene, som ble grunnlaget for min og verdens frelse, hvis de alle kunne ta den imot. Jeg elsker Deg Jesus av hele mitt hjerte. Amen.

30. Mars

Jeg tror på mirakler III

Vi fortsetter til vi har fått med alle miraklene som er så viktige å få med som et grunnlag i vår oppgave for Herren.

Mirakel 7
Den Hellige Ånds ild og kraft

"Døperen Johannes sa: Jeg døper dere med vann til omvendelse; men Han som kommer etter meg, er sterkere enn jeg, Hans sko som jeg ikke er verdig til å bære; Han skal døpe dere med den Hellige Ånd og ild."
(Matt 3, 11)

"Jesus sa: Dere skal få kraft i det den Hellige Ånd kommer over dere, og dere skal være Mine vitner (martyrer)."
(Apg 1, 8)

"Så jeg kan få kjenne Ham og kraften av Hans oppstandelse og samfunnet med Hans lidelser, idet jeg blir gjort lik med Ham i Hans død." (Fil 3, 10)

Klargjøring for bruken av kraften
Skal vi kunne fungere i den Hellige Ånds ild og kraft, må Guds Ord ble en naturlig del av vår karakter/sjel. Dette skjer gjennom sjelens fornyelse (Rom 12,2), som da er en del av helliggjørelsen. Helliggjørelsesprosessen og opptreningen i bruken av kraften, går hånd i hånd - etter lang trening med store utfordringer

"For at deres prøvede tro, som er meget kosteligere enn det forgjengelige gull, som dog prøves igjennom ild, må finnes til lov og pris og ære i Jesu Kristi åpenbarelse."
(1 Peter 1, 7)

Mirakel 8
Kristi etterfølgere

"Og Jesus kalte Sine tolv disipler til Seg og ga dem makt over urene ånder, til å drive dem ut, og til å helbrede sykdom og all skrøpelighet.

Og når dere går av sted, da forkynn dette budskap: Himlenes rike er kommet nær!

Helbred syke, oppvekk døde, rens spedalske, driv ut onde ånder! For intet har

Daglig gjennombrudd

dere fått det, for intet skal dere gi det."
(Matt 10, 1.7.8)

Kjære Far
Jeg blir tom for ord når jeg ser hvilken stor og allmektig Gud Du er. Midt i Din storhet så Du meg! Jeg takker Deg for at jeg kan få tjene Deg og gi Dine sannheter videre, så de som ikke kjenner Deg også kan få lære å kjenne Deg. Amen.

Daglig gjennombrudd

Daglig gjennombrudd

31. Mars

Jeg tror på mirakler IV

Nå har vi igjen to store mirakler som gjelder din tjeneste. Disse kommer på plass ved praktisk utøvelse i ditt liv for den Herre Jesus, i tro.

Mirakel 9
Du er en Jesus-person

"Dersom dere blir i Meg, og Mine Ord blir i dere, da be om hva dere vil, og dere skal få det." (Joh 15, 7)

Her er den enkle forklaringen på svar. Dersom du lever fylt av Guds Ord, på en slik måte at det former hele din adferd og Jesus er din Herre, da vil alltid svarene på det du ber om komme.

Mirakel 10
Du kan gjøre det

"Og disse tegn skal følge dem som tror: I Mitt navn skal de drive ut onde ånder, de skal tale med tunger.

Daglig gjennombrudd

De skal ta slanger i hendene, og om de drikker noe giftig, skal det ikke skade dem; på syke skal de legge sine hender, og de skal bli helbredet." (Mark 16, 17)

Her ser vi igjen det samme, forklart med ord for aktuelle situasjoner.

Kjære Far
Jeg forstår at alle disse mirakler vil kunne bli virkeligheter i mitt liv, hvis jeg legger mitt liv ned for Kristus for å nå disse målene. Takk at Du er med meg i vandringen for å nå disse mirakuløse målene i Din kjærlighet. Takk for at dette kan jeg gjøre nå, fordi Du har seiret. Amen.

Refleksjon
Det er med stor glede jeg har skrevet denne serien på 4 bøker, som jeg valge å gi navnet "Daglig gjennombrudd". Det å skrive disse bøkene, ble en annerledes måte å skrive bøker på.

I disse bøken har jeg tatt fram notater og eldre Bibel undervisnings materiale, så langt som over 30 år tilbake i tid. Det har vært spennende skriving. Det å skrive knapt en side om et emne, som jeg har forsøkt å gjøre, har vært utfordrende. Det er ikke lett å få ned alt du ønsker om et emne på en side elle to. Jeg tror jeg har klart å få ned ett emne på hver en eller to sider. Det har blitt mange emner som skal leses av leserne i løpet av et år.

Hver side inneholder mye kunnskap, jeg vil derfor anbefale bøkene til å brukes til studier over alle de forskjellige emnene. Her kan dere finne fram mere materiale som går i tråd med det som sidene i ukedagene tar opp.

Bøkene er litt i stil med den som kalles "andaktsbøker", jeg ønsker bøkene skal være noe som strekker seg lengere enn det.

Jeg ser mere på de som studiebøker og oppslagsverk, som gir litt inngang i mange emner.

Må vi alle komme på plass i oppgaven å nå verden med evangeliet, så Herren kan komme tilbake.

Nye Bøker av Tom Arild Fjeld

Utgitt nå

Kraften vinner krigen
Få lausbikkja ut
Den skjulte verden
"Dressa opp for seier"
En kriger for Kristus
Slagkraft i åndens verden
Seier over Satan

Tidligere utgitte bøker

Hvordan motta Frelsens mirakel (utgitt på flere språk)
Hvordan motta helbredelsens mirakel
Mer enn en overvinner
På Barrikaden
Nøkkelen til alt - tro
Virkelig fri

Daglig gjennombrudd

Daglig gjennombrudd

Tom Arild Fjeld har reist over hele verden og forkynt evangeliet siden han var en ung mann. De siste årene har han skrevet mange bøker, som kommer ut etter hvert. Aktuelle bøker for den tiden i historien vi lever.
Følg med på sosiale medier, kristne TV-stasjoner og aviser hvor han har møter og undervisning.
Vær gjerne med og støtt tjenesten regelmessig økonomisk, eller bli en praktisk partner i den.
Følg sidene www.BrotherTom.org ,
Tro & Visjon på Facebook
og www.twitter.com
Ta kontakt på Facebook
eller www.tomarildfjeld@gmail.com

Misjonsmenigheten Tro & Visjon
Konto nr. 0532.37.94229

Daglig gjennombrudd

Daglig gjennombrudd

Daglig gjennombrudd

www.ingramcontent.com/pod-product-compliance
Lightning Source LLC
LaVergne TN
LVHW051225080426
835513LV00016B/1416